JUAN CARLOS
MARTÍNEZ BERNAL

STORYTELLING PARA EL PSICÓLOGO

"Storytelling para el psicólogo".
Publicación independiente.
Derechos Reservados.
Juan Carlos Martínez Bernal.
Junio de 2020.
Portada de Designbold.

¿STORYTELLING, Y ESO EN QUÉ ME SIRVE?

Érase una vez este autor en una cárcel...

—No quiero que me des terapia, nomás quiero platicar. Me dijo un preso.
—Está bien, como quieras. Contesté.

A partir de ahí, la terapia fue encubierta, indirecta, camuflada. El río de sabiduría y aprendizaje desembocaba en su inconsciente. Platicamos de historias personales, anécdotas, refranes, usamos metáforas, comparaciones, humor y lenguaje caló.

—Gracias, me sentí muy a gusto platicando con usted. Se despidió.

Estas "pláticas" suelo usarlas muchas veces con personas complicadas o resistentes en mis sesiones psicológicas / terapéuticas.

¿Cuáles son los secretos de esas "pláticas"?
¿Cómo usarlas adecuadamente y en el momento preciso?
¿Estás dispuesto a mejorar grandemente el rendimiento de tus asesorías o terapias?
¿Sabes lo que es Storytelling?
Dime por qué Storytelling es usado por el Pentágono de Estados Unidos, por presidentes y por grandes compañías como la Coca-Cola.
¿Sabes exactamente cómo aplicarlo en tu labor psicológica y terapéutica?
¿Te das cuenta qué tanto esto puede revolucionar tu forma de dar una conferencia, una presentación o la facilitación de una sesión individual y grupal?

La primera vez que escuché de 'Storytelling' me sonaba como 'Toy Story', como el nombre de otra película divertida. Luego descubrí que, más allá de la comparación, Toy Story tenía elementos del Storytelling.

A principios de la década de 1990 se reforzó el uso del arte de contar historias. El propósito era la persuasión para conseguir convencer a los demás en venderles una idea, un producto, un candidato.

¿Cómo es que no lo sabías? Porque varias cosas del extranjero tardan en conocerse en México, solamente suelen ser exclusivas de los empresarios que toman cursos de este tema en países como Estados Unidos. Lentamente se va conociendo el Storytelling en la sociedad mexicana, de hecho, entre menos se conozca, mejor para los que lo usan.

Es o fue uno de los secretos de Barack Obama, Steve Jobs, Jorge Bucay, Carlos Cuauhtémoc Sánchez, Milton Erickson, Paulo Coelho, Bert Hellinger, Rius, Disney, Pixar, Microsoft, NASA, Los Simpson, McDonald's, Héctor Suárez, Alejandro Jodorowsky, Polo Polo, Richard Bandler, Anthony Robbins, Yokoi Kenji, y tantos otros más o menos famosos. Y no es ninguna casualidad que la mayoría de los mencionados son admirados por mí o por ti.

Este libro, que pretendí hacerlo breve te muestra técnicas, respuestas, herramientas, elementos prácticos para que enriquezcas tus sesiones psicológicas o terapéuticas.

Yo soy Psicólogo y tengo Formación en Maestría de Psicoterapia Gestalt. Decidí emprender la escritura de este libro porque no he visto alguno que se dirija específicamente a los psicólogos. He escrito 15 libros sobre Experiencias y Casos Terapéuticos, Poemas, Tuits, Lecturas terapéuticas, así como Anécdotas personales y psicológicas. He notado que los libros existentes sobre Storytelling solamente se enfocan en ventas, publicidad, presentaciones empresariales, novelas, cine, cómics, teatro, educación.

"Los mejores comunicadores son extraordinarios contadores de historias. Los escritores, líderes, profesores, empresarios o coaches más sobresalientes son aquellos que se han dado a la tarea de aprender cómo contar historias".
Camilo Cruz, autor de "La Vaca" y "El Contador de Historias"

"El relato es el instrumento más poderoso de transmisión de información, más poderoso y duradero que cualquier otra forma artística".
Nancy Duarte, famosa autora de "Resonancia"

Storytelling (narración) es el arte del uso del lenguaje, la comunicación, la emotividad, la vocalización, la psicología del movimiento (ademanes, gesticulación y expresión) y la construcción abstracta de elementos e imágenes de una historia en particular para un público específico. Un aspecto crucial de la narración es la retroalimentación o conexión con el auditorio para demostrar un suceso visual determinante que brinda detalles de la historia de una manera creativa (National Storytelling Association, 1997).

La meta de cada historia por parte del narrador (storyteller) es cautivar, reflexionar y conectar. Cautivar removiendo emociones, reflexionando para facilitar el cambio y transformación, así como conectando para lograr el objetivo de convencer, persuadir, vender o educar.

Según el español Antonio Núñez, Storytelling, es el arte de crear y narrar relatos con propósitos de comunicación y conexión. Es el arte y la técnica utilizada para narrar cualquier tipo de relato: desde una película o una campaña publicitaria a un informe comercial o una presentación de empresa. Un buen relato es lúdico, sensorial y emocional, está cargado de sentido, es didáctico, nemotécnico y favorece la cohesión, participación e interactividad de sus destinatarios.

Hay quienes van más allá del Storytelling, técnicas como Branding y Transmedia, que llevan la historia de un producto a otros medios o plataformas como anuncios publicitarios, películas, canciones, entre otros, como ha sucedido con Harry Potter, El Señor de los Anillos, y varias películas de Disney.

Antes del invento de la imprenta (año 1440) no había libros, y estos estaban al alcance de muy pocos hasta el siglo XX. La inmensa mayoría de las personas recurrían, (y lo siguen haciendo porque a muchos no les gusta leer), a la narración de historias, parábolas y refranes, como los medios predilectos de transmisión de religión, información, cultura, tradiciones familiares, mitos, leyendas y educación.

Volvamos al tema de este primer capítulo. Storytelling te sirve para tus funciones como psicólogo y terapeuta, en específico:

-Mejorar tus sesiones individuales y grupales.
-Mejorar tus presentaciones (diapositivas, audios, videos) y conferencias.
-Mejorar tus escritos: informes, artículos, ebooks, etc.
-Mejorar tus entrevistas de trabajo, ventas, conversaciones.
-Y, por supuesto, mejorar tus narraciones de historias.

«Estoy orgulloso de reunirme con ustedes hoy en la que quedará como la mayor manifestación por la libertad en la historia de nuestra nación. Hace cien años, un gran americano, cuya sombra simbólica nos cobija, firmó la Proclama de Emancipación. Este importante decreto se convirtió en un gran faro de esperanza para millones de esclavos negros que fueron cocinados en las llamas de la injusticia. Llegó como un amanecer de alegría para terminar la larga noche del cautiverio. Pero 100 años después debemos enfrentar el hecho trágico de que el negro aún no es libre. Cien años después, la vida del negro es todavía minada por los grilletes de la discriminación. Cien años después, el negro vive en una solitaria isla de pobreza en medio de un vasto océano de prosperidad material. Cien años después, el negro todavía languidece en los rincones de la sociedad estadounidense y se encuentra a sí mismo exiliado en su propia tierra.

Así empezaba su discurso "Yo tengo un Sueño" Martin Luther King. Era 1963, pronunciado desde las escalinatas del Monumento a Lincoln durante la Marcha en Washington por el trabajo y la libertad, después se sabría que fue un momento definitorio en el Movimiento por los Derechos Civiles en Estados Unidos.

¿Para qué retomar este discurso? Nomás porque se considera el discurso más poderoso en la historia moderna.

Luther King supo elegir el lugar, el contexto, la vestimenta formal, las palabras metafóricas, y la pasión al pronunciarlo.

Ver aquí el video del discurso completo de Martin Luther King:
https://www.youtube.com/watch?v=x7C9OympYtQ

La *Metáfora* no es una simple comparación, va más allá, es afirmar ser o estar en el significado de lo que narro. Por eso, *cuando me iluminas con tus faros azules, sé que en ti está el camino para entregar mi corazón a esa luz.*

CONSIDERACIONES

La investigación polémica de lo verbal y lo no verbal

Era el año 1967, el profesor Albert Mehrabian de la Universidad Californiana de Los Ángeles (UCLA) realizó una de las investigaciones más citadas en la historia del lenguaje corporal. Más exacto sería afirmar que ha sido mal citada. A veces mal citado su apellido, pero sobre todo inadecuada ha sido la interpretación que otros le dan y el desconocimiento de cómo fue su investigación. Es más, hasta el propio Mehrabian ha desmentido y aclarado los abusos de interpretación que se le dan a su investigación.

Muchos dan por hecho, y hasta lo mencionan como una regla, la 7-38-55, que las personas solamente dan significado al 7% de lo verbal, 38% a el tono de voz y 55% a lo no verbal.

Vamos por partes, dijo un carnicero. Pocos saben que, en su investigación, Mehrabian, que eligió solamente mujeres para su investigación, pidió a una de ellas que dijera UNA palabra y que una observadora tenía que determinar la actitud o relevancia semántica (o sea, el significado de la palabra) y si el tono de voz y la expresión facial era o no importante para enfatizarlo.

Para quienes quieran ir a la investigación original de A Mehrabian y S R Ferris, aquí: https://doi.apa.org/doiLanding?doi=10.1037%2Fh0024648

A continuación, en este enlace, A. Mehrabian hace algunas aclaraciones:

https://web.archive.org/web/20101027165538/http://www.kaaj.com/psych/smorder.html

Total de Me gusta = 7% Me gusta verbal + 38% Me gusta vocal + 55% Me gusta facial

Tenga en cuenta que esta y otras ecuaciones con respecto a la importancia relativa de los mensajes verbales y no verbales se derivaron de experimentos relacionados con la comunicación de sentimientos y actitudes (es decir, me gusta o no me gusta). A menos que un comunicador esté hablando de sus sentimientos o actitudes, estas ecuaciones no son aplicables.

Mehrabian, A. (1981). Silent messages: Implicit communication of emotions and attitudes. Belmont, CA: Wadsworth

Hasta aquí la cita de Mehrabian. **En mi conclusión, se trató de un estudio limitado, que se ha exagerado en su interpretación. Por ejemplo, en ningún momento se estudió el lenguaje corporal de posturas o movimientos de las extremidades inferiores o superiores, tampoco se toma en cuenta el contexto, el género masculino o narraciones de varias palabras.**

Lo que considero importante es que, más allá de las limitaciones de este estudio, queda claro que la palabra por sí sola, no es suficiente, por lo que es necesario revestirla de cualidades vocales (lo paraverbal en entonaciones, ritmos, pronunciación) y en congruencias con expresiones faciales y de lenguaje corporal.

Por otra parte, es muy importante no cometer el error de novato de dejarse llevar por una sola postura de lenguaje corporal. Todavía me acuerdo cuando estaba en una clase de la materia Motivación y Emoción, en la Facultad de Psicología de la U. de Colima. Estaba sentado hasta atrás, contra mi costumbre, toda la clase tuve los brazos cruzados y una expresión de *pocos cuates*.

Al final de la clase, se me acerca el docente y me dice ¿Qué te hice, por qué te portas a sí conmigo? Le contesté que no era nada personal contra él, que simplemente ese día yo traía una gripe muy fuerte. Se equivocó en juzgarme, y me pudo haber preguntado en cualquier momento el porqué de mi actitud, sin embargo, se esperó una hora para hacerlo.

Cerebro Triuno o las tres muñecas rusas

Fue en 1990 cuando Paul Maclean estructuró su teoría de que el cerebro está interconectado por 3 cerebros: el reptiliano, el límbico y el neocórtex". A partir de ahí se ha constituido en una de las teorías más socorridas para explicar el funcionamiento del cerebro, desplazando a la teoría de los hemisferios cerebrales.

Me recuerda cómo las muñecas rusas se van cubriendo una a la otra, pareciendo desde afuera como si hubiera solamente una. Algo similar sucede en el cerebro, con la diferencia de que los 3 cerebros se interconectan con *cables* nerviosos.

1.- **Cerebro reptiliano:** Es nuestro cerebro más primitivo. Llamado por Maclean '*Complejo R*'. Formado por la médula, el cerebelo, la protuberancia y el mesencéfalo. Se relaciona con reacciones de rigidez, obsesividad, compulsividad, ritualismo, imitación, miedo, paranoia, engaño y no aprender de la experiencia, que son características ancestrales que se ven en los animales reptiles. Parece que no se le ha valorado del todo si tomamos en cuenta que este cerebro está conectado a la médula espinal y los nervios periféricos que llegan hasta la piel de todo el cuerpo.

2.- **Sistema límbico:** Este cerebro intermedio ("la muñeca de en medio) es un sistema formado la amígdala (el *timbre* del peligro), el hipotálamo, el hipocampo y el cíngulo, relacionado con algunos mamíferos. Ahí residen los mecanismos de las emociones y los instintos, la alimentación, la lucha, la supervivencia, la atención, la huida, la afectividad y la sexualidad. El sistema emocional es lo que nos hace sentir que algo es agradable o desagradable, placentero o doloroso. Tiene muchas interconexiones con la neocorteza (Neocórtex), de modo que las funciones cerebrales no sean solamente límbicas o puramente corticales, sino una mezcla de ambos. MacLean afirma haber encontrado en el sistema límbico una base física para la tendencia dogmática y paranoica, El sistema límbico decide si nuestro cerebro neocortical tiene una idea "buena" o no, si se siente verdadero y correcto, o sea, se relaciona con los juicios de valor.

3.- **Neocórtex**: El cerebro evolutivamente más "nuevo" es este, relacionado con los animales primates mamíferos, aunque en el humano y en el delfín está más desarrollado. También, es el más visible, el que ocupa más masa en el cráneo y al que se le ha dado mayor atención porque aquí residen los **dos hemisferios cerebrales**, el izquierdo y el derecho. El hemisferio izquierdo relacionado más con lo racional, las funciones cognitivas, es lineal y verbal. Mientras que el hemisferio derecho es más espacial, no verbal, musical y artístico.

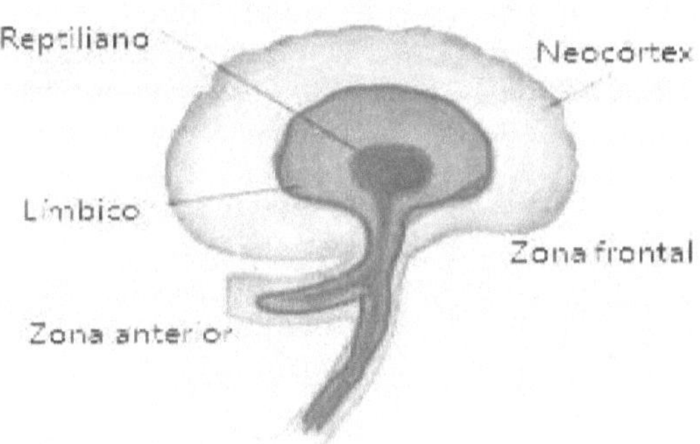

Las decisiones se toman con el '*corazón*' (emociones), no con la razón, quien no me crea que revise sus decisiones respecto a la elección de sus conquistas amorosas, productos alimenticios, compras de objetos de lujo, votos electoreros, y un largo etcétera. El sistema límbico es más rápido que la neocorteza para tomar una decisión.

Se trata de entender la estructura del témpano (iceberg), donde en la parte visible estarían los síntomas y la voluntad; las máscaras y las lámparas; y en la parte no visible (la mayor parte, oculta) es donde reside lo inconsciente, la masa que cargamos encadenados, la sombra ignorada, el Ello, dirían los psicoanalistas.

Desde lo superficial entonces, nos deslizamos hacia las raíces. Las **figuras** que asoman no contienen el grueso de la realidad. En los **fondos** se esconde lo valioso que algunos saben buscar y encontrar.

Las cabezas que asoman no contienes el corazón ni el alma. A veces pudieran ser máscaras, títeres o rostros engañosos, bellos o no. Vivimos en un mundo de figuras (cantantes, familia, placeres, etc.) y en los fondos están nuestras creencias, lo que verdaderamente rige nuestro pensar y actuar.

Vivimos en un mundo donde se suele ocultar el defecto, el error, la omisión, la pérdida, la falta, el delito, el fracaso. Un mundo de muchos fondos, sombras, sangre seca.

Vivimos en un mundo donde nos asombra, seduce y captura un sobre, un paquete, los disfraces, enmascarados, cirugía plástica, gimnasios, gafas, gorras, sombreros...y en el fondo las miradas que son las rendijas de pocos centímetros de algo más grande y auténtico.

En la figura está la sonrisa, en el fondo está detectar la autenticidad de esta.

Alguien dijo que para echar agua a un árbol hay que hacerlo en la raíz, no en la copa.

Nuestra sombra guarda tesoros que nuestra luz a veces olvida o teme.

Hay que integrar las figuras con los fondos, sacar a flote lo que hay en el fondo, valorar las figuras como una parte de la totalidad e integrar nuestra realidad de luz y sombra, de figura y fondo, con ambos hemisferios cerebrales.

Me considero un buzo de los fondos, para emerger y poder integrar esto con las figuras, para entonces tener una realidad más integrada.

A veces, en los fondos hay ancestros del consultante que es necesario reconocer, respetar y honrar.

Una historia o metáfora adecuada va dirigida a los tres cerebros, pero sobre todo al hemisferio derecho, al sistema límbico y al cerebro reptiliano.

La Estructura de una Historia

En el Storytelling no se trata de soltar historias a lo tonto. No es tan fácil, si fuera sencillo pues no existiría este libro y todo mundo triunfaría. Si se trata de que narres historias, tienes que saber qué estructura tienen las historias adecuadas para que logren convencer, hacer reflexionar y conectar con las personas que te verán y escucharán.

Se necesita conocimiento, técnica y arte. Desde niño entendí que las personas cuentan historias, pero fue hasta hace pocos años que entendí que el Storytelling es una técnica que bien aplicada impactará a nuestros consultantes u oyentes. Y conocerla a fondo no es suficiente, es necesario practicar la técnica, afinarla y hacer arte con ella, lo cual nos llevará años y, aún así, esto nunca terminará.

Storytelling consta de 3 etapas básicas, que reciben diversos nombres según los autores a que haga referencia.

Joseph Campbell, estudioso de los mitos y leyendas antiguos, entre los que se encuentran obviamente las narraciones, al establecer su Paradigma del Ciclo Heroico, señaló tres etapas del héroe o personaje arquetípico:
1.-La Partida (el héroe se identifica y emprende una aventura)
2.-La Iniciación (el héroe afronta pruebas y crisis), y
3.-El Regreso (el héroe comparte aprendizajes y vivencias)

El dramaturgo Gustav Freytag, concebía cinco actos para sus obras teatrales, en donde había 3 actos principales: al inicio (Exposición), en medio (Clímax), y al final (Desenlace), esto en una secuencia piramidal.

En el Método Mckinsey, se tiene una pirámide con los siguientes elementos:

1.-En la primera base se cuestiona cuál es la situación actual.
2.-En la punta se revela cuál es el problema y la pregunta.
3.-En la otra base se revela cuál es la solución

Daniel Colombo, señala que Storytelling puede ser dividido en tres etapas:
1.-Qué.
2.-Cómo.
3.-Para qué.

Otros más, se basan en la estructura de:
1.-Situación.
2.-Complicación
3.-Resolución.

Si nos damos cuenta, estas estructuras señaladas tienen en común un inicio, una parte media y un final. Sin embargo, cada etapa tiene sus consideraciones a tener en cuenta.

En este libro estableceremos 3 etapas para estructurar una historia, y desglosaremos cada etapa, desde un enfoque meramente general (lo aplicado a los psicólogos lo veremos en otro capítulo de este libro).

PRIMERA ETAPA
QUÉ SITUACIÓN. EL CONTEXTO. EL HÉROE SE PREPARA.

Se expresa la historia en una situación contextualizándola en un lugar y tiempo concretos.

Para elegir la historia más adecuada se debió haber hecho una preparación previa (lo veremos en un próximo capítulo de este libro).

Es necesario captar la atención del público. Hay que soltar una o más palabras o frases potentes que retumben en la percepción del oyente.

Enganchar al público para que con la historia se pueden identificar o proyectar.

Al final de esta etapa hay que hacer giros con varias preguntas o retos para lanzar problemas que serán discutidos y resueltos en las siguientes etapas.

En caso de ser necesario dar datos, estos se tienen que dar de manera dramatizada.

SEGUNDA ETAPA
PRUEBAS. CRISIS. LUCHA EL HÉROE.

En esta etapa se narra cómo el héroe es objeto de pruebas, luchas, se sacrifica, se arriesga.

En esta etapa hay miedos, suspenso, drama, dolor.

El héroe ensaya propuestas, se ve obligado a cambiar sus creencias y visión del mundo, para emprender algo nuevo o que no se le había ocurrido.

Conmueven sus altibajos, sus contradicciones y el trascender las dos alternativas opuestas. Los que escuchan remueven sus sentimientos de manera incontrolable.

Los giros en la historia continúan, de tipo emocional, de pensamientos, acciones, quizá de contexto o de ritmo.

Durante esta etapa hay un clímax, quizá donde el héroe sufrió un accidente, salvó la vida o superó una dura prueba.

TERCERA ETAPA
EL TRIUNFO DEL HÉROE. APRENDIZAJES. SOLUCIONES.

La etapa de resolución o de conclusiones donde se clarifican las ganancias del héroe y de sus compañeros a los que les comparte su triunfo y aprendizajes.

Aquí salen a relucir el reconocimiento, el trabajo de equipo, los premios, los placeres, recompensas, valores apreciados en su grupo o sociedad. También, los ahorros económicos, mejoría en las relaciones, en la seguridad e integridad de las personas y materia prima que posean.

Por fin se entiende el "Para qué" de ese "viaje" del héroe. Ya se valora el cambio adquirido y realizado, el impacto en su lugar laboral o familiar donde radican o trabajan.

PARTIDA
TRIUNFO
LUCHA

¿Qué tipo de Historias, de dónde las saco?

**La clave maestra para que casi siempre puedan hablar
acerca de algo es sólo referirse a lo que saben,
lo que sienten, lo que piensan o lo que han vivido.**
Víctor Gordoa

El tipo de historias se tiene que encuadrar al **CONTEXTO**. No se recomienda contar la misma historia a un albañil y a un ejecutivo, o a una niña y a un anciano. Para eso hay que estudiar de antemano a nuestros oyentes.

McDonald's en Portugal requería motivar a sus empleados para que valoraran el trabajar en esa empresa. Recurrieron a que sus empleados y exempleados narraran cómo el trabajar ahí les permitía ayudarse a cumplir sus sueños AFUERA en una escuela, deporte u oficio en sus tiempos que No estaban trabajando. Sus historias fortalecieron la pertenencia a McDonald's.

Para entender qué tipo de historias primero hay que entender cuál es el **VALOR** que se quiere lograr ¿Pertenencia, cooperación de equipo, competencia para ser mejores, incrementar producción o ventas, innovación, riesgo de quiebra? Quizá la guía puedan ser los valores de la persona o del grupo. En el caso de un grupo, a veces ya los tienen establecidos en organizaciones y empresas.

Segundo, ¿qué tipo de **EMOCIONES** o sentimientos se desea transmitir? Ira, orgullo, alegría, tristeza, sorpresa, duelo, etcétera.
¿por qué la gente prefiere leer novelas en libros, historietas, cómics, y ver telenovelas o películas? Porque ahí les cuentan historias emocionales.

Tercero, **las historias elegidas**, de preferencia serán propias del narrador, narradas en primera persona, preferentemente historias poderosas e inspiradoras. En caso de ser historias de otra persona, preferir que sean personas famosas o conocidas por el público que nos está escuchando. Mientras estamos escuchamos a una persona o un grupo, nos podemos acordar de una experiencia o historia similar a las que nos están contando, es entonces que podemos decir: *¡oh, sí! Así como le pasó a una persona que conocí y que... Me estoy acordando cuando me sucedió a mí que...*

Cuarto, **el entorno de la Historia** ayuda a recrear la emoción y la necesidad básica que se pretenda transmitir: una montaña, un hospital, un centro de trabajo, un accidente, un hogar familiar, una calle, un bosque.

Quinto, **¿Cómo contar la historia?**

Analizar cuál será la mejor manera de contarla, no siempre tiene que ser narrada, a veces podemos usar o apoyarnos de *clips de películas*, sobre todo fragmentos importantes y determinantes. Hay audiocuentos, a otro se le puede ocurrir la ayuda de un payaso, un cuentacuentos callejero o un mago. Podemos contar una historia apoyados en diapositivas, mantas, cartulinas, hojas impresas, música, sonidos, etcétera. Hay ejercicios o actividades grupales lúdicas que implican interacción, y en la retroalimentación surgen historias de los participantes y de los facilitadores, sobre temas específicos que se estén trabajando; el límite es hasta donde llegue tu *creatividad*.

Sexto, **las historias o narraciones tienen que abarcar problemas o conflictos existenciales**, cotidianos o laborales, amorosos o escolares, familiares o de otra índole, sobre el sentido de vida, pues, estimulando la curiosidad y el afrontar incluso los conflictos humanos más fuertes como la muerte, la enfermedad, la vejez, la minusvalía, la bancarrota, la ruptura amorosa, y lo traumático. No todas las historias son de final feliz.

Séptimo, si tengo que ofrecer **información compleja**, una alternativa adecuada es la narración de historias, así lo han hecho filósofos que se han acercado a la gente con sus libros: Platón ("La República"), Sócrates ("Diálogos de Platón"), Jostein Gaarder ("El Mundo de Sofía"), Nietzche ("El Superhombre"), entre otros. En cambio, ¿quién se quiere acordar sobre libros de filósofos como Ponty, Heidegger, y otros que no vale la pena exponer. En mi vida de estudiante, no se me olvida cuando un profesor nos dejó leer un libro de Foucault, pesado, complejo, abstracto, sin historias, todos lo aborrecimos, y si me preguntas de qué me acuerdo sobre ese libro, pues ya te lo dije, porque del contenido no me acuerdo ni del título.

Otros contenidos complejos son los datos técnicos y científicos. A veces, es comprensible que el técnico o el científico no tengan la experiencia, habilidad o visión para incluir historias en sus descubrimientos o presentaciones. Mal por ellos, se están perdiendo una rebanada de pastel muy buena. Por fortuna, algunos ya se dieron cuenta de esto. Stephen Hawking, una de las mentes más inteligentes que han existido en la Ciencia, lo supo entender y en sus libros plasmó varias historias y metáforas, sobre todo en su libro más vendido "*Historia Breve del Tiempo*", que por cierto también ha sido uno de los libros científicos más vendidos de todos los tiempos. ¿Por qué será? Por la calidad de contenido y porque incluyó historias y metáforas. ¿Cómo quiénes son esos divulgadores científicos que nos caen bien y les entendemos por ser didácticos y nos cuentan historias? Carl Sagan, Michio Kaku, Isaac Asimov.

Más allá de los detalles ciertos o exagerados, ¡Cómo olvidar el relato de que una manzana le cayó a Isaac Newton para explicar la fuerza de la Gravedad!

Y de las Matemáticas ¡uf! Pues, se pueden enseñar narrando historias sobre cómo descubrieron tales fórmulas, tales teorías o teoremas, utilizar mnemotecnias para memorizar y comprender fórmulas abstractas, usar ejemplos realistas y cotidianos.

Octavo, **la maravilla de grabarse.** Cuando estudié en la Maestría de Terapia Gestalt (en INTEGRO) tuve una materia sobre Práctica de la Entrevista. El núcleo de esa materia consistió en que cada estudiante tenía que pasar al frente en el salón y entrevistar a un compañero, usando todo lo aprendido hasta ese momento sobre Terapia Gestalt, al mismo tiempo de que era grabado por un ayudante, tanto en cámara de video como en grabadora de audio. El impacto de verse por primera vez, lo notamos todos, es enorme. Ver cada uno de los movimientos, escuchar cada palabra y cómo se la dices al entrevistado, es espectacular, una experiencia inigualable. Te recomiendo ampliamente que en algunos momentos de tu vida te grabes o te graben, quizá al estar entrevistando, dando una conferencia, en una terapia (con consentimiento del consultante) o simplemente al estar platicando con alguien...y estúdiate, corrígete, auméntate.

Noveno, en mi vida, a mis 47 años de edad, he ido aprendiendo historias, metáforas, chistes y narraciones interesantes, primeramente, de mis seres queridos más cercanos, como mi padre, mi madre, mi suegro y mi esposa. Después, de mis Maestros escolares y luego de mis Maestros espirituales. Para finalmente recolectar historias, anécdotas, metáforas, tuits y frases que nacen de mis experiencias, de mis sentimientos, de mis inspiraciones.

"He aprendido (en el sentido etimológico de la palabra) más de la audiencia, lectura y estudio de los coan zen, cuentos derviches, y de las historias de maestros taoístas, jasídicos, anacoretas e hindúes, que de toda la formación académica recibida. En todos ellos, las metáforas se mostraban en su plena expresión, tardando a veces años en penetrar en sus secretos, y en otros casos incluso permaneciendo aun hoy en día sellados. Durante esta época pude escuchar a «contadores», maestros de oriente y occidente, del desierto y de la selva, y de todos ellos, de su magia y de su conocimiento, extraje cuanto pude, y les aseguro que no fue poco. La segunda etapa en importancia, la que permite culminar el trabajo que durante años se ha fraguado, es aquella en que el aprendiz comienza a poner algo de sí mismo en la narración".
Salvador Carrión

Errores del Storyteller

1.- Leer una historia. No es pecado leerla, siempre y cuando sea como apoyo. Por ejemplo, el discurso de Martin Luther King no fue improvisado, ya lo tenía redactado meticulosamente. Por lo que, al pronunciarlo, en ocasiones tenía que apoyarse en el texto para no desviarse. Más bien me refiero a los que leen mecánica y acartonadamente (en referencia al cartón) un discurso, y lo peor es que a veces ni lo escribieron ellos y ni se familiarizaron con este, ¿cuál es el impacto? = 0.2, pero en escala negativa.

2.- No acompañar la historia con gestos, ademanes, movimientos y emociones. ¿Te imaginas a una estatua contando una historia? Tampoco se trata de que seas un remolino.

3.- No saber elegir los arquetipos adecuados. En este libro nos detendremos a revisar los arquetipos de Jung, tan utilizados para sustentar historias en muchos medios de comunicación.

4.- No preparar lo suficiente la sesión y confiarse demasiado de la improvisación. Hay que tener en claro que la improvisación la tenemos "preparada", parece paradógico, a lo que me refiero es que sabemos lo que podemos preparar y sabemos lo que durante la sesión podemos improvisar, ni una ni otra son obra de la casualidad.

5.- No haber practicado los elementos básicos de: entonación de voz, respiración diafragmática, sensibilización y relajación de gestos, ademanes y posturas. En You Tube, Guillermo Morante ha subido diversos videos con ejercicios para modular la voz. La práctica gradúa al Maestro, con los años.

6.- No cultivarse en conocer historias, anécdotas, cuentos y leyendas de otros que podríamos usar nosotros en algún momento dado. Hay que saber escuchar a los que saben narrar historias y a los que las han escrito. En la parte final de este libro te enlisto sugerencias sobre esto y más.

7.- Querer mostrar habilidad rápida para contar historias. Sin comprender que el **storyteller (narrador)** está en un proceso de mejora continua. Aunque algunos nazcan con el don de tener una "voz de locutor", muchos podemos aprender a narrar DE UNA MEJOR MANERA las historias y las metáforas, lo cual incorporaremos como un gran recurso entre nuestras herramientas de trabajo, cualquiera que sea nuestra profesión.

8.- Imitar a otros narradores. Lo suelen hacer los novatos y los fanáticos. Se trata de encontrar y desarrollar nuestro estilo, no de ser unos infames suplantadores o unos tristes clones.

9.- **No darte cuenta de tus puntos ciegos**. Por eso, en este libro te sugiero que te grabes para que te veas y te escuches. Y también recurre a las personas que creas te pueden revelar lo que tú no alcanzas a ver de ti mismo, a veces son los amigos, a veces son los enemigos, a veces los familiares.

10.- **Encerrarte en tu burbuja**. Hay que aprender de otros, observando en vivo o en videos a cuentacuentos, narradores de historias, narradores deportivos, comediantes, stand-uperos, etcétera. Poniendo atención a sus posturas, ademanes, gestos, movimientos, entonaciones de voz, sellos personales, y manejo del público o de la entrevista al interactuar.

11.- **Intentar memorizar la historia palabra por palabra**. Los actores requieren memorizar (aunque con la llegada de los 'apuntadores' ya no tanto). El narrador de historias no ocupa memorizar "de machete", le basta con recordar los puntos clave de cada historia o cuento, para con eso narrar con creatividad el resto de la historia. Los que han intentado memorizar párrafos o cuentos completos han fracasado y se han quedado "en blanco".

12.- **Arrogancia y soberbia**. Los demás no son curados por ti ni cambian por ti eh. Sentir lástima por otro es soberbia, creerte el ombligo del mundo es soberbia, creerte superior a los que les hablas es arrogancia. Las personas no van a verte a ti por tu cuerpo o porque te crean indispensable, van por tu mensaje, van a inspirarse contigo, para que ellos mismos abran sus alas del cambio. Ni tú ni nadie dará los pasos que les toca dar a ellos, simplemente porque son sus pies, no los tuyos. Estamos para acompañar, guiar, mostrar, reflejar, facilitar. Sé humilde, estás para servir y compartir, no para lucirte y discriminar.

Cómo contar una adecuada Historia

1.- Las historias **no se explican ni se repiten** en la misma sesión. Hay que dejar que el inconsciente de la persona la absorba y acomode.

2.- Aunque las historias o metáforas que nos interesa narrar tienen una **intención** de mostrar soluciones, enseñar valores, instruir, o dar un consejo, hay que recalcar que las historias **no imponen ni ordenan**, por lo que cada persona sacará sus propias interpretaciones, a veces en minutos, a veces tardando meses o años en mostrar su efecto. Hay personas que, en ocasiones, después de varios años, me comentan que no se les olvida la historia, la metáfora o la comparación que les narré y que se les quedó grabada...cuando yo, a veces, no recuerdo lo que les dije, probablemente porque estaba yo en trance cuando se las narré.

3.- Una historia necesita estar **vestida de impacto, desafíos, peligros, retos,** situaciones críticas, secretos revelados, experiencias reveladoras que marcan un antes y un después,

4.- Una adecuada historia es narrada por una persona que ha generado CONFIANZA Y EMPATÍA en su público. Si no hay eso, la historia se desechará como un pañuelo sucio.

5.- Comenta Myriam Muñoz Polit que, para lograr un buen procesamiento, el facilitador debe **tener capacidad empática, autenticidad y actitudes de aceptación** y capacidad para comunicarlas, además de las habilidades de reflejo de contenido, de sentimientos y concretización.

6.- La historia adecuada contiene el estado que se pretende, la necesidad básica (por ejemplo, de la Pirámide de Maslow), el valor, la emoción y el mensaje que se quiere como objetivo.

7.- La historia adecuada sabe elegir un protagonista (**héroe**) **y un antagonista** (otra persona u obstáculo). Más allá de que el protagonista o héroe sea yo mismo, otra persona o un animal. Además de una trama o argumento con un mensaje. Los personajes serán elegidos con base a los **arquetipos detectados** en esa persona o grupo al que nos dirigimos, en consonancia con sus valores y cultura, para que puedan identificarse o proyectarse.

8.- ¿Qué es una historia iniciática? Alejandro Jodorowsky responde: "*Es una historia de la cual podemos extraer una lección de vida. **¿Dónde la encontramos? Por doquier. Todo es iniciático. Toda estructura narrativa (incluso la de los chistes) puede interpretarse, si se la contempla con detenimiento. Un iniciado es una persona que utiliza todo lo que le cae en las manos como símbolo y objeto de sabiduría***". Un ejemplo de esto lo encontramos en su libro 'La Sabiduría de los Chistes', donde expone e interpreta chistes, leyendas japonesas, haikus, koans y leyendas del oriental Nasrudín.

9.- **El Storyteller (Narrador) se prepara adecuadamente**. Héctor Suárez (que en paz descanse) mencionaba que en su preparación llegaba temprano para conocer físicamente el lugar donde actuaría, además de pedir permiso y encomendarse "*a los espíritus del lugar, que es parte de mi ritual para que todo salga bien*". Su herramienta principal fue contar historias en *sketchs* de humor, para concientizar al público que lo veía en televisión, cine, stand-up y teatro. En una ocasión, comentó que, si dictara una conferencia sobre violencia a los obreros con los que iba lo recvhazaría, mejor optó concientizarlos a través de sketchs y obras de teatro.

En otros ámbitos, los oradores acostumbran a probar desde días u horas antes el equipo de sonido, aparatos electrónicos, memorias usb, programas a utilizar para diapositivas, entre otros. Muchas fallas se dan porque no se contemplaron previamente. Y aunque es imposible prevenir todo, la preparación contribuirá a una mejor intervención. He visto que esto lo hacen también los deportistas de élite, cantantes, artistas.

10.- **No hay una fórmula infalible de contar una historia, cada persona es única para contar la misma historia, dándole un matiz particular**. No todos tienen la misma habilidad para contarlas. Hay quienes tienen la habilidad histriónica y dramática. Otros cuentan con una voz privilegiada. Mientras que en otros su habilidad estriba en la tecnología que emplean. Cualesquiera que sean tus habilidades o medios para contar historias te darás cuenta de que irás formando un estilo para contarlas. Conócete tus habilidades y tu estilo, lo irás puliendo como el joyero al diamante.

11.- No es sencillo el StoryTelling, **implica practicar, fluir, leer, realzar nuestro estilo, no imitar a otros**. Lograr impacto en otros nos puede llevar años de práctica. En mi caso, así sucedió.

12.- Una Historia adecuada **no es monótona ni un monólogo**. Suele tener algunos diálogos emocionales, gestos, ademanes, movimientos. Y se necesita **interactuar** con la gente, hacerla partícipe con preguntas o que ellos pregunten.

13.- El **dilema ético** y el resultado de trascender esa dualidad de un conflicto tiene que ser parte de la Historia. Normalmente habrá dos caminos, dos alternativas. Lo adecuado será lo que esté en sintonía con los valores de la persona o grupo con el que se esté trabajando, a veces incluso descubriendo una tercera alternativa que no era visible al principio. Las dos opciones suelen ser la inadecuada (instintiva, contra la sociedad, egoísta, injusta) y la adecuada (reflexionada, benéfica para la sociedad, útil, justa), la tercera puede ser una diferente o una combinación de las dos primeras.

14.- **La personalidad del narrador**. Algunos piensan que hay que ser sociables para poder contar historias, otros piensan que los tímidos no pueden ser psicólogos o terapeutas. Se equivocan, narradores de historias y psicólogos hay de muchos tipos de personalidad. Yo mismo me considero tímido y medianamente sociable. El trabajo es una cosa, la sociabilidad otra ¿Tú sabías que, en sus propias palabras, se consideran tímidos los famosos comediantes Eugenio Derbez y Alejandro Suárez? Ellos explican que en su trabajo se desenvuelven con pasión y disciplina, sin embargo, fuera del escenario hablan poco y a veces hasta rehúyen la sociabilidad.

15.- **Centrarse en una situación o tema**. Sugiero que cuando estés lanzando metáforas o narrando una historia se centren en una situación o tema, para tener una **congruencia hilada**. Esto sucede cuando nos enfocamos en platicar sobre un deporte, por ejemplo:
Natación:
Alguna historia...sobre algún nadador o clavadista...sobre alguna piscina...
Metáforas: Si no quieres hundirte, aprende a nadar. Al llegar al fondo de la alberca, el nadador tiene dos alternativas: o se estrella en el fondo o toma este como base para impulsarse hacia arriba. Cuando la persona se está ahogando ¿tiene que manotear desordenadamente o dejar que su cuerpo flote sin forzarlo? Etcétera...
Fútbol:
Alguna historia...sobre algún futbolista o club de fútbol...sobre algún estadio...
Metáforas sobre lo que implica ser árbitro. Sobre que es más importante concentrarte en el juego que en el árbitro. Sobre hacer equipo y divertirte. Sobre jugar duro pero no como animal. Etcétera...

Alguna ciudad:
Pudiera ser la ciudad donde se encuentran en ese momento, tanto facilitador como consultante. Narrar breves historias sobre personajes históricos importantes y relevantes para nuestros fines de transmisión de mensaje. Estatuas y monumentos históricos. ¿Sabías que...?

Narrar sobre algún animal, planta, árbol, localidad rural, valernos de cualquier cosa que esté a nuestro alcance, incluso de los temas de moda: manifestaciones, el virus del momento, etcétera.

16.- **Evitar las excusas.** Quien recurre a las excusas, está construyendo un excusado. A la gente no le importa si no te trajeron algún material, si andas enfermo, o cualquier imprevisto. Lo único recomendado es tomar con sentido del humor esos imprevistos y adaptarse de alguna manera para sobreponerse y continuar la sesión o la historia. Así que no te hagas la víctima y continúa con tu trabajo.

17.- **El secreto de los libros sagrados.** ¿Cuál es? Que están llenos de lenguaje en parábolas, metáforas, comparaciones, historias, valores, estimulan enormemente la imaginación y llegan al 'corazón' de las personas. Vuelve a echarte un clavado en La Biblia, el Mahabharata, el Tao Te King, el Corán, Bhagavad-Gita, etcétera, y obsérvalos con estos nuevos ojos por lo que te digo a lo largo de este libro.

18.- **Fomenta la curiosidad desde el principio.** Por eso se insiste en que empieces la historia o la sesión con algo intrigante, impactante, curioso, inesperado, trágico, polémico, enigmático. Tan sólo recuerda cómo empiezan esas películas, cuentos o historias que te han impactado ¿Cómo empieza *"El Código Da Vinci"* de Dan Brown? ¿Para qué preocuparse por el principio? Para lograr enganchar al oyente. Recordemos que se ha investigado y encontrado que los primeros segundos son importantísimos para captar la atención en una persona. Si en los primeros segundos (¡Qué más da si son los primeros 7 ó 10 segundos!) no logras atraer el interés de alguien, entonces esa persona abandonará tu ebook, tu película, tu cuento y se irá a hacer otras cosas, y si permanece forzadamente junto a ti pues estará "en piloto automático", sin prestar atención a tu historia.

19.- **La Congruencia.** Un elemento que a veces pasa desapercibido por los narradores, y que los hace desembocar en el mar del fracaso, es que no muestran congruencia, ¿en qué? Entre sus palabras, posturas, gestos, ademanes y movimientos. Errores comunes suceden cuando no saben mover sus manos para los ademanes, no tienen la sensibilización, y esa rigidez los hace parecer como robots que se mueven. El rostro también tiene que estar sensibilizado para expresar y transmitir las emociones de la historia o metáfora que narres. La congruencia también está en saber elegir la historia adecuada para ese público, para ese contexto, y para ese problema o conflicto al que intentas ofrecer alternativas.

La pregunta clave surgió: ¿qué diferenciaba a los personajes públicos exitosos de aquellos que, pese a todo el apoyo, se quedaban en el camino? Me puse a revisar los videos de entrevistas que hice a artistas y a figuras consagradas, no sólo del medio artístico, sino también del medio científico, religioso o político. Lo primero que descubrí fue que los perdedores frecuentemente cometían muchos errores de comunicación: su apariencia decía una cosa mientras que su música y sus letras hablaban de otra, la fotografía de su disco decía una tercera y acababan de arruinar la comunicación con sus declaraciones personales; por otro lado, en el caso de los triunfadores había una gran coherencia en el mensaje: su apariencia personal iba de acuerdo con sus palabras, éstas con su actuación corporal, lo anterior con sus videos y fotografías para rematar con sus apariciones en un escenario concordante. El segundo descubrimiento fue todavía más importante. Resultó que, además de los factores observados, existían muchos otros que al igual resultaban determinantes en el destino que tendría el proyecto, como el nombre, el estilo, el manejo del color, el diseño gráfico o la iluminación, elementos que se debían cuidar para obtener un resultado exitoso.
Víctor Gordoa

20.-Uso de **sellos comunicativos personales.**

Cada cocinero o cocinera tienen una sazón y un estilo particular de cocinar, aunque los ingredientes sean los mismos.

Según he analizado a varios comunicadores exitosos, suelen tener maneras particulares al iniciar o al terminar sus narraciones. Cuando se les ha entrevistado al respecto, casi todos señalan que esos "*clichés*" surgieron espontáneamente, y se dieron cuenta después del impacto que causaron en los demás, incluso en ocasiones fue la misma gente que les pedía que repitieran esos clichés. Algunos publicistas le llaman "*valor agregado*" a la "*marca personal*", y son aportes a fortalecer nuestra identidad e historia. Veamos algunos ejemplos:

*La Doctora Ana María Polo en su programa 'Caso Cerrado'
Inicio: Suelta una frase célebre, a tono con el tema de los casos que tratará ese día.
Final: Casi siempre comenta: "*He dicho, caso cerrado. Sea cortés, ande con cuidado, edúquese lo más que pueda, respete para que lo respeten, y que Dios nos ampare*".

*¿Qué tienen los narradores deportivos exitosos? Que le ponen pasión, estilo personal, cuentan historias durante el partido (sobre tal jugador, tal equipo, tal técnico, tal cancha). Nos emocionan, nos asombran, nos hacen reír, nos entretienen.

No se olvida el inicio del narrador deportivo Enrique "El Perro" Bermúdez: "Aficionados que viven el fútbol...". O su forma de gritar los goles.

Christian Martinoli nos entretiene con su lenguaje caló que intercala con la narración de las jugadas deportivas, nos suelta datos relevantes, pero con sabor, con emoción.

*Un presentador, conductor, director y columnista mexicano llamado Gustavo Adolfo Infante, en la década de 1990 terminaba siempre sus cápsulas informativas enfatizando el apellido Infante. Era su sello final.

Raúl Velasco, famoso conductor del programa 'Siempre en Domingo', tenía un ademán que hacía con los dedos pulgar, índice y medio de la mano para acompañar su frase "aún hay más", la cual hacía antes de ir a anuncios comerciales.

Jorge Garralda, en su programa de denuncias ciudadanas 'A quien corresponda', finalizaba sus emisiones con esta frase emblemática: "*Yo soy Jorge Garralda, y un consejo: ¿sabe qué? No se deje*".
Después del *¿sabe qué?* Su ademán era golpear la mesa y apuntar con el dedo índice hacia el frente.

Adal Ramones, terminaba sus monólogos con "Por eso, estos son los 5 puntos de Otro Rollo...".

Laura León, cantante y actriz, se hizo conocida, en parte por dirigirse a las personas como "tesoros", "tesoritos", "mis tesoros", no fue casualidad que se le conociera como "La Tesorito".

Hay actores o conductores que se han hecho famosos con un personaje fingiendo la voz, siendo ese su sello, tal es el caso de Chabelo, El Escorpión Dorado, El Chavo del Ocho, y otros más.

En la música grupera sobresale una conductora y periodista, alias "La Chicuela", ¿por qué le dicen así? Porque ella suele decirle chicuelos a los hombres, y chicuelas a las mujeres. Su nombre es Blanca Martínez, y es mejor conocida por su apodo.

"*Don Francisco*", famoso conductor chileno (Mario Kreutzberger) del programa 'Sábado Gigante' que duró más de 50 años al aire en televisión internacional tuvo varias frases que lo caracterizaron y las usaba una y otra vez, aquí unos ejemplos de ellas: "*¡¿Qué dice el público?!*", "*Si te sale el tercer chacal lo pierdes...toooodo*". "*¡Yyyyyyy, fueraaaaa!*", "*¡Ganó, se lo ganó!*", "*¡Que venga la modelo!*", "*¿Quién quiere ganar billetes aquí?*"

Platicando con un "*trailero*" (conductor de unidades de carga pesada), este me decía en su comunidad de traileros el apodo lo es todo, es su identidad, "*sin apodo no eres nadie, no te ubican*". Él y otros de sus compañeros me comentaban que por el apodo saben tu historia, dónde trabajas y tus anécdotas, me añadían: "es que habemos tantos que no ubicamos a juanes o a óscares, pero sabremos identificar al *Tecate* o al *Chiquilín de Zacatecas*.

"Indudablemente, lo que impresiona más al espectador
no es tanto la habilidad del mago,
sino esa presentación mística y misteriosa

de los hechiceros antiguos".
Primo Blass-Tchang (2001)

La Clave Emocional y Sensorial

No recuerdo el contenido de su conferencia en 1999. Evoco las emociones y sensaciones positivas que me facilitó el escucharlo. Aún sigue siendo una de las conferencias de las que puedo decir que salí inflado de motivación. Ese conferencista era un tal Carlos Cuauhtémoc Sánchez.

He conocido y visto políticos, religiosos, empresarios, conferencistas, profesores y hasta familiares que me resonaban a mí y a muchos que los escuchaban, más allá de sus ideologías ¿Qué tenían en común? Que contaban historias y anécdotas poderosas para enmarcar sus mensajes; sabían cómo contar historias a modo.

Los mejores cantantes son los que mejor interpretan *emocionalmente* una canción. ¿Cuáles son tus favoritos? Algunos de los que me encantan a mí son: Juan Gabriel, Luis Miguel, Mon Laferte, y un largo etcétera.

Una de las grandes claves para contar historias es el transmitir emociones y que las personas oyentes echen a volar su imaginación y pongan a trabajar sus sentidos para captar con mayor contundencia lo que se narra en la historia.

Al narrar, si somos histriónicos, apasionados, gestuales, motrices y SENTIMOS la Historia que estamos contando, será más impactante y mejor recibida.

La emoción, acompañante de la motivación, moverán al individuo, lo cual no hace el dato o información intelectual.

La Historia tiene que evocar en el público emociones del pasado o del presente.

Hacer descripciones con palabras que involucren los cinco sentidos principales y las emociones y sentimientos.

Modular la voz y dramatizar en las entonaciones, también hacer giros en la voz, hacia entonaciones serenas o depresivas cuando así lo amerite la narración.

Hacer contacto visual, esto añade autenticidad a la transmisión emotiva que estamos haciendo.

¿Cuáles emociones despertar? Eso dependerá de tu objetivo, de lo que estés trabajando terapéuticamente o de lo que intentes transmitir con tu historia, tu anuncio publicitario, tu música, tu diapositiva, tu noticia, la imagen que le muestres.

**-Tu mensaje fue bueno, pero apelaste más a la razón que al sentimiento.
Ten presente que las razones convencen, pero es la emotividad
quien empuja a la acción. La emotividad es el gran secreto de la oratoria:
la razón construye las ideas, pero es la emoción la que hace
que penetren en la mente de nuestros oyentes".**

Carlos Brassel Morales,
Maestro de Oratoria

Algunos casos exitosos con Storytelling

En series y películas ya tienen definida la estructura de las historias: inicios impactantes con violencia, asesinatos, hechos trágicos, persecuciones. En el desarrollo es infaltable el sexo, el romance, el lenguaje vulgar, el héroe y las etapas estilo J. Campbell, los arquetipos de Jung.

En Estados Unidos, el Storytelling lo vienen aprovechando desde la década de 1990. Tenemos a Steve Jobs con sus memorables presentaciones de Iphones. El Pentágono recibió capacitación en esta técnica para manejar las crisis a las que están expuestos ellos y la demás gente. La NASA entendió que tiene que adornar con historias sus descubrimientos y el contenido de lo que comunica al público. El género Stand-up que consiste en narrar al público historias cómicas "reales" sobre uno mismo.

Cada marca tiene un storytelling, que se ve reflejado en las encuestas de mercado que realizan las propias marcas para conocer lo que opina la gente. Si una marca no sabe esto, pues está fuera de la jugada. Por ejemplo, ¿cuál es la storytelling de Coca-Cola? Que su fórmula es secreta y está resguardada en una caja fuerte. ¿Tiene otras storytellig esta marca? Sí, en sus comerciales procura difundir valores de unión familiar, amistad y tolerancia a la comunidad LGTB, y que es "*la chispa de la vida*". ¿Con qué se identifica a la hamburguesería McDonald's? Con las cajitas felices que quiere todo niño, poco importa que la calidad de sus hamburguesas sea percibida como menor o igual a las de Burquer King.

Desde mediados de la década de 1990, un hombre vestido casual con pantalón de mezclilla y camisa manga larga, sonriente, didáctico en sus descripciones y con finales sorprendentes, vendía aparatos vanguardistas ante un gran público expectante, se llamaba Steve Jobs. De él, recomiendo ver el video de las 3 historias que contó a los graduados de la universidad de Harvard, aquí:
https://www.youtube.com/watch?v=HHkJEz_HdTg

En México, tenemos algunos casos, como los siguientes:

1.- **Rius:**

'He dedicado mi trabajo de toda la vida a tratar no de educar, sino de crear un poco de consciencia en las personas. Los resultados cada quien los puede definir. Los grandes filósofos son muy serios; a veces cuesta trabajo entender todo lo que exponen o dicen. En cambio, el humor es lo que hace reír a la gente, y eso le da mucha envidia a los filósofos, similar a lo que ocurre con los pintores hacia los caricaturistas".
Rius

Eduardo del Río, manejando la crítica social, la sátira, el sarcasmo a veces brutal, los datos duros, diálogos didácticos y para nada rebuscados, clara su postura política izquierdista y contra los sistemas imperantes (político, publicitario, alimenticio, televisivo, religioso, etc.) se constituyó en un líder de opinión para varias generaciones desde mediados de 1960, tanto para moneros como para el ciudadano de a pie, ya que las ventas de sus revistas y libros fueron masivas, sobre todo en México.

Rius nos deja una enorme biblioteca de monos con temas que muchos de ellos siguen vigentes (¡Después de 40 ó 50 años!), sus caricaturas son para que nuestros niños interiores despierten conciencia, transiten al abrir los ojos, con ideologías desestructurantes, contundentes y pensantes para quien se atreva a entrar a esas historietas. Los ojos de Rius fueron cámaras que retrataron con humor negro la vida real, sobre todo sacaba a la luz y a la risa lo que había en las sombras de las fachadas que nos muestran en la escuela y en los medios institucionales.

2.- **El Mañanero:** Víctor Trujillo, quien encarnando el personaje de un payaso tenebroso narra historias con un estilo callejero, irónico, humorístico y con crítica social, conquistó la atención de muchos mexicanos y fue pionero y ejemplo para que en otros noticieros empezaran a usar más el sentido del humor.

3.- **Enrique Peña Nieto:** Este malogrado presidente, se valió en su campaña, y mucho antes de esta, en vender una historia de amor con su pareja 'La Gaviota', una actriz popular de ese momento. No ganó solamente por esta y otras historias, pero le ayudaron a posicionarse.

4.- **Alfredo Jalife-Rahme:** Este cada vez más famoso geo politólogo, maneja con maestría sus conferencias, libros y entrevistas. Sabe el arte del Storytelling, nos narra historias, detalles, comparaciones, metáforas y más que nos tienen entretenidos, aprendiendo y admirando a este narrador.

5.-**Algunos Youtubers:**

El éxito de algunos youtubers, en parte, es porque han sabido utilizar las artes audiovisuales: personajes, historias, máscaras, dramatizaciones, metáforas, comparaciones, pizarrones, emociones, necesidades básicas, sexualidad, tecnología y talento. Es cuestión de que veas algunos videos de los siguientes triunfadores y analices su estilo: el Fedewolf; el Escorpión dorado; Campechaneando; el Chapucero; hola soy Germán; el Rubius; Mundo desconocido; Atraviesa lo desconocido; Vicente Fuentes; entre muchos otros.

Otro caso:

***Yokoi Kenji Diaz:** Es un conferencista colombiano-japonés que se hizo famoso con el video colgado en YouTube titulado *Mitos y verdades sobre Colombia y Japón*. Comenzó su actividad pública en 2010, dictando conferencias en la localidad de Ciudad Bolívar en Bogotá. Desde 2010 ha dictado numerosas conferencias en Colombia, Japón, Estados Unidos, Brasil y otros países. Su filosofía se basa en descubrir lo mejor del pueblo colombiano y japonés a partir del desmontaje de mitos que impiden vivir mejor. Entre estos mitos destaca la falsa pobreza. (Referencia: https://www.ecured.cu/Yokoi_Kenji)

Aunque en su estilo no tiene tanto desplazamiento, usa muchos gestos, entonaciones y giros de voz, emotividad, sentido del humor, vestimenta impecable, ademanes, metáforas, comparaciones, frases, usa historias obtenidas mayormente sobre sus familias de origen y de casado, así como de su vida laboral. Una de sus virtudes y marca personal es que tiene experiencias de las culturas japonesa y colombiana.

Aquí uno de sus videos más populares:
https://www.youtube.com/watch?v=nurX2E_S0xM

Storytelling en Psicología y Terapia

Desde 1998 hasta agosto de 1999 me embarqué en lo que muy pocos habían hecho hasta ese momento en la Facultad de Psicología de la Universidad de Colima. Como se me facilitaba escribir poemas libres y algunos textos breves de vez en cuando decidí elegir titularme con un Ensayo.

Esta modalidad de titulación no me fue nada fácil realizarla. Primero, porque vaciar las palabras en el papel fue una labor paciente de muchos meses. Segundo, porque simultáneamente tenía responsabilidades de noviazgo, buscar trabajo como egresado de esta carrera, prepararme para el Examen Egel-Ceneval de Egreso, aprobar materias finales de la licenciatura, aprobar las prácticas profesionales, entre otras actividades.

El tema que elegí fue sobre Carl Ransom Rogers, mejor conocido como el humanista Rogers. Y escribí sobre su Teoría de la Personalidad.

A 22 años de distancia es evidente para mí que en ese momento mis palabras fueron más intelectuales que otra cosa. Una labor de investigación documental en muchos libros para extraer citas interesantes y lograr una introducción al método fenomenológico agradable y valiosa para muchos que me lo han expresado así en el internet.

Este Ensayo fue un parteaguas en mi vida por algo que ya he contado en otros lugares.
Resulta que en una ocasión llevé unas 20 hojas escritas a pluma para que una persona me las transcribiera electrónicamente en computadora. Lo hice porque aún a esa edad (25 años) no le entendía a la computadora. Entonces, el zutano me dijo que volviera en unos pocos días. Así lo hice, y me salió con que se le habían extraviado las hojas. Me enojé y entonces primero me capacité en poder escribir a computadora mis escritos, lo cual fue parte del aprendizaje en toda esta aventura.

Mi asesora Claudia Yáñez Velasco (Claudia Sat Nam), meses antes me facilitó estar en varias sesiones de un Círculo Vivencial que emulaba un Grupo de Encuentro con tintes de Gestalt, Terapia de la cual ella tiene un Doctorado.

Y me alentó a finalizar este proyecto del Ensayo. Y recordar que años antes a eso yo renegaba de sus clases, porque mi intelectualidad chocó con su Gestalt.

Después, no me hice rogeriano (aunque conocí a otro Roger, pero esa es otra historia) y sí viví y estudié la Terapia Gestalt. Gracias, Carl Rogers, gracias por todo, lo que entendí y lo que no entendí, lo que aprendí y lo que viví, lo que escribí y lo que leí.

En este comienzo del subcapítulo he narrado una de las 152 Anécdotas que he compilado en mi libro "*Más de 100 Anécdotas de Bernal27. Cotidianas y terapéuticas*". Obvio que esta cantidad y calidad de anécdotas las he retomado en algunas sesiones individuales o grupales, según sea el caso y la pertinencia, y narrarlas nunca será igual en cada ocasión.

En la metodología para facilitar sesiones de prevención y atención a la Violencia de Género, Roberto Garda, especialista y pionero de este tema en México, recomienda esmeradamente que el facilitador narre historias a los participantes sobre experiencias acontecidas sobre esta temática en su propia persona, con sus parejas y familiares.

He podido asistir a varias sesiones del Comité Técnico en mi Centro de Trabajo de Reinserción Social (cárcel), donde una de sus funciones es exponer y valorar perfiles psicológicos (y de otras áreas) de personas privadas de su libertad, comúnmente conocidos como presos. Atendiendo las recomendaciones del Storytelling, narro los detalles de cada perfil de una manera atractiva, no los leo, los narro y me centro en los aspectos más destacados, lo cual contrasta con la manera en que lo hacen los demás compañeros (simple lectura mecánica del perfil desde sus áreas).

Un libro interesante en terapia escrito con metáforas es "*Protocolos de Retorno a la Salud*", de Christian Fleche. Necesitas leerlo para darte cuenta del por qué.

Sobre las Metáforas. Es importante contextualizar las metáforas al tipo de persona con la que estamos tratando. No es lo mismo tratar con un chofer de unidades de carga pesada, que con un deportista.

Hay que asegurarse de retomar metáforas o historias que tengan sentido para el inconsciente de la persona que tenemos enfrente.

Milton Erickson les platicaba a algunos de sus pacientes sobre las dificultades de ellos para aprender a leer, obviamente porque esos pacientes habían pasado por esos grados escolares. Y no tendría sentido para el que no ha vivido esa experiencia.

A pregunta expresa de mí, me respondió así una profesora de inglés, en nivel Licenciatura: Si tú escuchas palabras en inglés sin darles un sentido o un contexto que conozcas, entonces no te va a servir de nada.

Comentaba un psiquiatra-terapeuta, que no importa si la historia que le cuentas al paciente es falsa o verdadera, lo que importa es que sirva para los propósitos que la estás contando y contribuya a facilitar la terapia.

Tomar en cuenta los símbolos que utiliza el paciente para describir su dificultad. Por ejemplo, "Le tengo miedo a mi papá, porque grita como si fuera un león". Los símbolos pueden, más adelante, utilizarse en otros sentidos, por ejemplo: "Todos los leones son de papel", o "El león cree que todos son de su condición", etc.

-*La llegada del camión*. Un camión llegará a la parada del bus a la hora que tiene que llegar, no a la hora que queramos nosotros, aunque hagamos rabietas o digamos insultos al aire.

-*El actuar de un mesero*. Un mesero es amable, educado, servicial, se le capacita para no juzgar, no burlarse, no insultar, no discutir, no pelear.

-*La olla express*. Si no existiera la válvula que regula la presión de esta olla, explotaría. ¿Cuáles son tus válvulas para no explotar? Conozco de un facilitador que acostumbra a contar esta metáfora a su manera, además de mostrar una olla express a escala.

-*Las olas del mar*. Para ejemplificar que los problemas en pareja (o en cualquier lugar) son continuos.

-*La pareja es una moneda*. La moneda tiene dos caras, si no, no sería moneda. La pareja es de dos, no de uno.

-*La esponja*. Tener una esponja en la mano y comentar de qué manera vamos adquiriendo creencias y aprendizajes desde niños, apoyarse con algún líquido.

-*Manejar un vehículo donde hay otros vehículos*. No basta con que tú hagas tu parte que te toca, también es necesario que tomes en cuenta a los demás. Con lo tuyo en orden no garantizas que no te pase un accidente.

-*La mesa del cambio para los farmacodependientes*. En pocas palabras, para que un farmacodependiente cambie significativamente, a mediano o largo plazo, necesita tomar en cuenta las 4 patas de una mesa: 1.-Trabajo legal, 2.-Relaciones Familiares, 3.-Practicar Creencias espirituales/religiosas, y 4.-Practicar válvulas terapéuticas (Terapia y/o Grupos de Autoayuda) y de entretenimiento constructivo.

-*Partido de fútbol soccer*. Aprovechando que durante unos 10 años practiqué este deporte en varios equipos en ligas de aficionados, se me facilita retomar aspectos que ahí suceden, como lo son: concentrarse más en el partido y no engancharse con el árbitro. Hay equipos que han ganado partidos en el último minuto. Se puede jugar fuerte, sin llegar a cometer falta. Esta analogía la he usado para ilustrar conflictos con figuras de autoridad.

-En ocasiones, hay que retomar la metáfora, comparación o analogía que nos está narrando el consultante. Por ejemplo, una vez que le escuché decir a mi consultante que sentía que "nomás le estoy dando vueltas al asunto", le sugerí darle vueltas a una planta que tenía cerca de mí, en una maceta.

Me ha sucedido algunas pocas veces que, cuando he intentado usar metáforas, analogías o comparaciones, el consultante ha expresado que no hay ningún cambio en su mente o en sus emociones. Por ejemplo, una vez pasó que un adulto me dijo: "por más que bombardeo mis moldes negativos, no pasa nada, todo sigue igual". Por lo que en esos casos intento variar las metáforas o simplemente retomarla en otro momento o sesión.

Ha de tenerse en cuenta, que la sola lectura o escucha de los cuentos o metáforas no producirá, probablemente en la mayoría de los casos, transformaciones en el oyente. Esto sólo puede ocurrir cuando tanto el sujeto como el contador o transmisor, se encuentren en concordancia y en disposición favorable, ateniéndose a las premisas de lugar adecuado, momento oportuno, personas apropiadas e intención correcta. Los elementos clave para saber que esos requisitos están presentes son: atención en el aquí *El poder de las metáforas* y ahora, un uso adecuado del *rapport,* un diseño estructural específico para el caso, y la utilización de lenguaje analógico.
Salvador Carrión

***Jorge Bucay:**
Un caso de éxito en el mundo de la terapia, y que usa Storytelling, es este argentino, quien basándose en contar cuentos y escribir cartas ha impactado a miles de personas. Sus libros son repertorios de cuentos que podemos usar en algún momento de nuestro trabajo.

***Axiomas en la Teoría de la Comunicación Humana.**

Paul Watzlawick, uno de los grandes pensadores, prolífico autor y de tendencia constructivista, propuso 5 axiomas en su teoría, muy valorada en el mundo de la psicoterapia:

1. Es imposible no comunicarse:
Todo comunica, lo que hagas o no hagas, tu lenguaje, verbal, no verbal, corporal, simbólico, paraverbal, tus silencios, tus miradas.

2. Toda comunicación tiene un *nivel de contenido* y un *nivel de relación*, de tal manera que el último clasifica al primero, y es, por tanto, una metacomunicación:
Quiere decir que el emisor envía una comunicación, y el receptor la recibirá e interpretará, aunque no necesariamente como quiere el emisor. El receptor clasifica la información que recibe.

3. La naturaleza de una relación depende de la gradación que los participantes hagan de las secuencias comunicacionales entre ellos:

Cuando el receptor le contesta al emisor, le está contestando por lo que interpreta o cree haber recibido, aunque esto a veces no coincide con lo que el emisor cree haber enviado.

4. La comunicación humana implica dos modalidades: la digital y la analógica.
La comunicación *digital* es el contenido de *lo que se dice*: el texto, el número, la palabra hablada.
La comunicación *analógica* es el *cómo se dice* el texto o información. Evidentemente, las historias, metáforas y similares se apoyan bastante en la comunicación analógica, lo que se comunica paraverbalmente, corporalmente, facialmente.

5. Los intercambios comunicacionales pueden ser tanto simétricos como complementarios:
Un intercambio comunicacional complementario es el que presenta un tipo de autoridad o polaridad (padre-hijo, profesor-alumno, jefe-subordinado) y la comunicación o relación simétrica es la que se presenta en seres de iguales condiciones (hermanos, amigos, esposos).

STORY TELLING PARA EL PSICÓLOGO

LA PREPARACIÓN

El 49%: El Storyteller

Todo lo que esté en tus manos nunca será más importante que el 51% del pastel que le corresponde al consultante o grupo al que afrontes.

A ti, como narrador (storyteller) te corresponde hacer y practicar todo y más de lo que te digo en este libro.

El Consultante (individual o grupal)

Si estamos ante un grupo, nos conviene detectar liderazgos. Por ejemplo, liderazgos estables (dueños, propietarios, padre y madre), liderazgos emergentes (gente experta o hábil en algo, jefes, etc.), personas con identidad propia y los que suelen seguidores, aunque habría que ver si siguen lo negativo o lo positivo de algo o de alguien. ¿Estamos ante alguien introvertido o extrovertido?

En ocasiones, conocer un grupo nos permitirá **segmentarlo** (con la mirada) en subgrupos determinados. A veces tenemos al subgrupo de los disciplinados, los perezosos, los allegados a las jerarquías, los productivos, los inconformes, los innovadores, los que asisten forzados o amenazados, etcétera.

El Lugar

Se refiere al espacio físico, a las condiciones climatológicas, a qué tan hacinados o cómodos estarán los asistentes. En qué condiciones están los aparatos a utilizar, el sistema eléctrico. La limpieza y orden en ese recinto o consultorio. Las condiciones de las sillas, tapetes, la disponibilidad de baño, agua, aire.

También, la imagen ambiental de iluminación, clima, aire acondicionado, aromas, decoraciones, objetos, disponibilidad de agua para beber y los colores de las paredes serán importantes para la percepción de los asistentes. ¿Parece exagerado? No lo es, sepa que hasta las grandes marcas de empresas se toman en serio todo esto, por ejemplo, en el caso de los colores, conviene leer esta información que escribí al respecto:

El Contexto

Es el entorno en que se desarrolle la sesión. En algunas ocasiones será importante el contexto histórico, patológico (como en estos tiempos del virus corona), institucional, político, económico, etcétera.

Sin contexto no hay significado. La Psicología de la Gestalt te puede proporcionar más información al respecto.

Marco de valores y ética

El marco de referencia de mi consultante está ocupado por sus valores, los parámetros y lo que para él es su guía de comportamiento, lo que considera bueno y malo, apropiado e inapropiado.

A los niños, los cuentos les ayudan a establecer este marco de referencia de valores, a los adultos, las narraciones constituyen medios para el mismo fin.

Para saber qué tierras estamos explorando necesitamos conocer *el mapa* de la persona que tenemos enfrente, para acercarnos a entender su mundo religioso, institucional, social, y familiar.

Investigación de antecedentes

Este tipo de investigación puede incluir entrevistas al consultante a personas que lo conozcan (jefes de trabajo, algún familiar o al propio consultante).

Saber antecedentes escolares, laborales, enfermedades, minusvalías, si está bajo algún tratamiento médico o psiquiátrico.

Algunos podrán tener el tiempo o la facilidad de apoyarse con algún cuestionario, test estandarizado o algún test proyectivo.

Investigar también los antecedentes de los ambientes en que se desenvuelve el consultante (laborales, familiares, escolares u otro).

Técnicas grupales o individuales

Introducir una o más técnicas grupales o individuales, sobre todo las que fomenten su creatividad, interacción en equipo, resuelvan una tarea, encuentren una solución a un acertijo o problemática. Existen multitud de libros con técnicas (o "dinámicas") grupales. Es preferible familiarizarse o hasta haber experimentado la técnica, para entonces conocerla y adaptarla a nuestro estilo y al contexto donde se llevará a cabo.

En mi libro "*Sin Cuenta Experiencias Terapéuticas*" comparto varias técnicas y experiencias terapéuticas al respecto, tanto en lo individual como en lo grupal.

Recursos materiales y audiovisuales

Por fin salió Julio de su oficina. Había conducido a Zorrilla a la sala de juntas y le había ofrecido un café, un vaso de agua, un refresco. El jefe de la Federal optó por una Coca-Cola que le sirvió en un vaso Elena Guerra, la secretaria de Julio.
–¿Cómo va la cosa? –le pregunté al director cuando llegó hasta nosotros.
Julio meneó la cabeza francamente preocupado.
–Me sostuve. Le dije que íbamos a publicar el reportaje a como diera lugar.
–¿Y él qué dice?
–Quiere hablar contigo.
–¿Conmigo? –abrí tamaños ojos.
–Habla con él.
–Pero qué le digo.
–Tú sabrás –me respondió Julio con una sonrisa que tenía algo de irónica. Sobreponiéndome a las piernas que se me aguadaban fui hasta la sala de juntas, donde José Antonio Zorrilla bebía de su vaso de Coca-Cola. Era un cuarentón cuadrado, bajito, con cierto aire de rubio. Llevaba lentes gruesos, color ámbar, según recuerdo, y vestía de traje y corbata. No parecía un gorila, desde luego, sino un oficinista cualquiera, decente.
–Me dice Julio que usted es el único que lo puede convencer de que no se publique ese reportaje –profirió con voz tranquila, mirándome a la cara.
–Julio es mi jefe, es el director de la revista, y si él dice que el reportaje se publica, el reportaje se publica.
–Pero usted qué piensa.
–Yo pienso lo que piensa Julio.

Los materiales audiovisuales hay que usarlos solamente cuando sepas cómo hacerlo, o si estás completamente seguro de que alguien te apoyará, de otra manera quedarás en ridículo. Recuerdo que estaba en un Congreso Internacional de Criminología (2004) en Guadalajara, Jalisco, México. Entré a un taller sobre 'Autopsia Psicológica', muy interesante el tema, y muy decepcionante la expositora. Resultó que la memoria usb donde traía, según ella, toda la información, no era "leída" por la computadora donde se insertó. Y entonces su exposición fue de pena ajena. No previno esto, no traía otras memorias como alternativa, pudo tener su archivo en su correo electrónico y de ahí descargarlo, en fin, que no nos vaya a pasar lo mismo, por *Deus*.

Definir el objetivo

El objetivo es la dirección en que nos moveremos. Es el faro que nos guía.

El propósito a veces se elabora con las necesidades del consultante o del contratante (algún empresario o jefe de trabajadores).

En la película *"Con ganas de triunfar"* ('Stand Deliver', en versión original estadounidense) hay una escena donde el profesor Escalante conduce un carro y lleva de copiloto a uno de sus alumnos. El profesor acelera el automóvil y le pregunta a su alumno: "¿A dónde quieres que vayamos?", el alumno dice que no sabe y que deje de acelerar porque se pueden estrellar. Escalante insiste en preguntarle hacia dónde van. Entonces frena y le dice a su alumno: *"Si no sabes a dónde vas, te puedes estrellar"*.

Enfoque psicológico o terapéutico

Cualquiera que sea la cantidad o calidad de historias que narres, tienes que tener en claro que estas no van a hacer lo que te corresponde en cuanto a tus herramientas y estrategias del enfoque psicológico o terapéutico que estés implementando.

Hay consteladores familiares que usan historias. Yo me valgo de la Terapia Gestalt y de Terapias Energéticas. A otros les encantará la Hipnosis Ericksoniana o la Terapia Cognitivo-Conductual.

Cual sea tu enfoque, entonces, con las historias tienes una valiosa herramienta de trabajo para complementar tus sesiones individuales o grupales.

Preparar las Historias con Arquetipos

Para elegir los protagonistas y los antagonistas de una historia, necesitamos tener una guía tipológica que nos sea de utilidad. En el mundo del cine y las novelas usan los Arquetipos de Jung, que es probablemente una de las tipologías más usadas.

El término "arquetipo" tiene sus orígenes en la antigua Grecia. "*arjé*" significa "fuente" u "origen" y "tipos", significa "modelos". Recordemos la ciencia de la Arqueología estudia las fuentes de las civilizaciones antiguas. El Arquetipo es un patrón o molde original antiguo del cual es copiado dicho patrón, y que según Jung está instalado en el inconsciente colectivo.

En el medio terapéutico hay otras tipologías bien valoradas, como es el caso de los Eneatipos del Eneagrama y las 12 personalidades del Manual DSM. Existen otras de menor uso, como la tipología de Satir (el aplacador, el culpador, el superrazonable, el irrelevante, y el comunicador funcional), o los 4 tipos de temperamento (colérico, flemático, sanguíneo y melancólico) que elaboró Hipócrates.

Tomando como base los estudios que Carol S. Pearson hizo de las obras de Carl Jung tenemos la siguiente clasificación en tres grupos que marcan las 3 etapas principales del viaje del héroe:

ETAPA 1: PREPARACIÓN PARA LA TRAVESÍA (EL EGO):

1.- **El Inocente:** A veces son criticados por ser soñadores ingenuos. Sin embargo, su actitud positiva y personalidad despreocupada puede elevar a otros como un soplo de aire fresco. El inocente siempre trata de ver lo bueno en el mundo y busca el lado positivo en cada situación.

Meta: ser feliz.

Miedo: ser castigado por hacer algo malo.

Debilidad: confiar demasiado en los demás.

Talento: fe y apertura mental.

2.- **El Huérfano:** Representa a aquellos que son confiables, realistas y honestos. Algunas personas pueden describirlos como un poco negativos a veces. El amigo siempre está buscando pertenencia en el mundo y puede unirse a muchos grupos y comunidades para encontrar un lugar donde encajar.

Objetivo: pertenecer.

Miedo: quedarse fuera o sobresalir de la multitud.

Debilidad: puede ser un poco demasiado cínico.

Talento: honesto y abierto, pragmático y realista.

3.- **El Guerrero:** Se esfuerza ser fuerte y defender a los demás. Pueden sentir que tienen un destino que deben cumplir. Los héroes son valientes en su búsqueda de justicia e igualdad y se enfrentarán incluso a las fuerzas más poderosas si piensan que están equivocados.

Objetivo: ayudar a los demás y proteger a los débiles.

Miedo: ser percibido como débil o asustado.

Debilidad: arrogancia, siempre necesitando otra batalla para luchar contra ella

Talento: competencia y coraje.

4.- **El Bienhechor:** Están llenos de empatía y compasión. Desafortunadamente, otros pueden explotar su buena naturaleza para sus propios fines. Los cuidadores deben prestar más atención a cuidarse a sí mismos y aprender a decir no a las demandas de los demás.

Meta: ayudar a los demás.

Miedo: ser considerado egoísta.

Debilidad: ser explotado por otros.

Talento: compasión y generosidad.

ETAPA 2: HACER LA TRAVESÍA (EL ALMA):

5.- **El Buscador:** Nunca es feliz a menos que experimente emociones nuevas de forma más o menos constante. Le resulta difícil establecerse en un trabajo o una relación durante demasiado tiempo, a menos que el trabajo o la relación le permita conservar su libertad para explorar.

Objetivo: experimentar la mayor cantidad de vida posible en una vida.

Miedo: quedar atrapado o verse obligado a conformarse.

Debilidad: deambular sin rumbo e incapacidad para aferrarse a las cosas.
Talento: ser fiel a sus propios deseos y una sensación de asombro.

6.- **El Destructor:** Cuando el rebelde ve algo en el mundo que no funciona, intenta cambiarlo. A los rebeldes les gusta hacer las cosas de manera diferente. Sin embargo, a veces los rebeldes pueden abandonar algunas buenas tradiciones solo por un ansia de reforma. Los rebeldes pueden ser carismáticos y animar fácilmente a otros a seguirlos en su búsqueda de la rebelión.

    Meta: derribar lo que no funciona.
    Miedo: ser incapaz de lograr un cambio.
    Debilidad: llevar su rebelión demasiado lejos y obsesionarse con ella.
    Talento: tener ideas grandes e indignantes e inspirar a otros a unirse a ellos.

7.- **El Amante:** El amante busca la armonía en todo lo que hace. Le resulta difícil lidiar con los conflictos y puede tener dificultades para defender sus propias ideas y creencias frente a personas más asertivos.

    Objetivo: estar en una relación armónica con las personas, el trabajo y el entorno que aman.
    Miedo: sentirse no deseado o no amado.
    Debilidad: deseo de complacer a otros en riesgo de perder su propia identidad.
    Talento: pasión, aprecio y diplomacia.

8.- **El Creador:** Ha nacido para crear algo que aún no existe. Odia ser un simple consumidor pasivo, prefiriendo crear su propio entretenimiento. Los creadores suelen ser artistas o músicos, aunque se pueden encontrar en casi cualquier área de trabajo un estímulo para sacar a la luz su talento innato.

    Objetivo: crear cosas de valor duradero.
    Miedo: no crear nada importante.
    Debilidad: perfeccionismo y bloqueos creativos causados por el miedo de no ser excepcional.
    Talento: creatividad e imaginación.

ETAPA 3: EL RETORNO (EL SELF -YO-):

9.- **El Gobernante:** Le encanta tener el control. A menudo tienen una visión clara de lo que funcionará en una situación determinada. Creen que saben lo que es mejor para un grupo o comunidad y pueden frustrarse si otros no comparten su visión. Sin embargo, generalmente tienen los intereses de los demás en el corazón, incluso si en ocasiones sus acciones son erróneas.

    Meta: crear una familia o comunidad próspera y exitosa
    Miedo: el caos, ser socavado o derrocado
    Debilidad: ser autoritario, incapaz de delegar
    Talento: responsabilidad, liderazgo

10.- **El Mago:** Suele ser muy carismático. Tienen una creencia verdadera en sus ideas y desean compartirlas con otros. A menudo son capaces de ver las cosas de una manera completamente diferente a otros tipos de personalidad y pueden usar estas percepciones para aportar ideas y filosofías transformadoras al mundo.

Objetivo: comprender las leyes fundamentales del universo.

Miedo: consecuencias negativas no deseadas.

Debilidad: convertirse en un manipulador o egoísta

Talento: transformar la experiencia cotidiana de la vida de las personas al ofrecer nuevas formas de ver las cosas.

11.- **El Sabio:** Valora las ideas por encima de todo. Sin embargo, a veces se sienten frustrados por no poder saber todo sobre el mundo. Los sabios son buenos oyentes y, a menudo, tienen la capacidad de hacer que las ideas complicadas sean fáciles de entender para otros. A menudo se pueden encontrar en los roles de enseñanza.

Meta: usar la sabiduría y la inteligencia para entender el mundo y enseñar a otros.

Miedo: ser ignorante o ser percibido como un estúpido.

Debilidad: no puede tomar una decisión porque cree que nunca tiene suficiente información.

Talento: sabiduría, inteligencia y curiosidad.

12.- **El Bufón:** Al bufón le encanta animar una fiesta con humor y trucos, sin embargo, tienen un alma profunda. Quieren hacer felices a los demás y con frecuencia pueden usar el humor para cambiar las percepciones de las personas. A veces, sin embargo, el bufón usa el humor para cubrir su propio dolor.

Objetivo: aligerar el mundo y hacer reír a los demás.

Miedo: ser percibido como aburrido por los demás.

Debilidad: frivolidad, perder el tiempo y ocultar emociones bajo un disfraz humorístico.

Talento: ver el lado divertido de todo y usar el humor para un cambio positivo.

Para mayor información de estos arquetipos, consultar los libros de Carol S. Pearson: "*Despertando los Héroes Interiores*", y "*El Héroe Interior*".

Definir cuáles necesidades cubrir

Para encontrar o elegir las necesidades básicas de nuestros consultantes nos podríamos en la **Pirámide de Maslow**, también conocida como la **Jerarquía de las Necesidades Humanas**, para encontrar las motivaciones del comportamiento de las personas.

Ensueño Dirigido

El Terapeuta Gestalt Jorge Fierro, nos decía en clases del Instituto INTEGRO que el Ensueño Dirigido (creado por el francés Robert Desoille) es trance y no es hipnosis. Se recomienda facilitarlo a consultantes que tengan una edad desde los 6 años. Y para facilitar este tipo de visualización (guiada o no), se necesita que el consultante esté relajado.

En los cuentos y ensueños dirigidos, por medio del **isomorfismo** que el *Dragón* representa al Padre, la *Bruja* a la Madre, el *niño* al niño interior.

Un momento, ¿qué es el isomorfismo? Tiene varios significados según el contexto disciplinario. En lo que respecta a las historias metafóricas quiere decir que dos formas tendrán la misma forma o significado. Por eso, cuando dijimos que *el dragón representa al Padre*, tiene que ver un fundamento simbólico y arquetípico, que el inconsciente sabrá "entender".

Continuemos: El *fuego del dragón* es la violencia del padre. El *tesoro* es tu esencia.

La *cueva o agujero* representa lo reprimido, los bajos instintos, deseos ocultos, a veces la vida intrauterina y los recursos primitivos.

El *Altar o Santuario* es el lugar para entregar tu masculinidad o feminidad.

La *Cabaña*: Tradición y educación familiar-cultural.

El *Jarrón* simboliza tendencia de la feminidad (no confundir con la homosexualidad), la *espada* simboliza lo masculino (lo intelectual, introyectos).

Las *abolladuras en el jarrón o en la espada* es porque ya "usó o abusó" de esas tendencias.

Según como esté tu jarrón o la espada (tamaño, defectos o virtudes), así estará tu sexualidad y genitales, en lo femenino y masculino.

Yo=casa=Bosque=Objeto=Árbol.
¿Le viste la cara a tu princesa?

La comunicación que dará el *Personaje Sabio* será directa hacia cada persona, en presente y de manera propositiva.

Paciente *asociado*: en primera persona ve, escucha y siente.

Paciente *disociado*: en tercera persona se ve y se escucha a sí mismo.

Las fantasías guiadas y las proyecciones en cuentos son más útiles para intelectualizadores y para los que están a la defensiva.

A los interesados, lean libros de Desoille y libros sobre símbolos, como el de Carl Jung "*El Hombre y sus Símbolos*".

"El dragón, siempre será tomado como el obstáculo del héroe, es el reflejo de los obstáculos que se tienen al momento de alcanzar una meta, y que es importante vencerlos para lograr terminar nuestra tarea; como Lucifer lo es para Jesús, los ricos y soldados para Robin Hood, el Dragón para Beowulf o la criptonita para Superman, sin importar las diferencias de las historias y sus épocas u origen, estos símbolos representarían los problemas o debilidades que deben enfrentar estos personajes".
Carol S. Pearson

Usar la Terapia de Impacto

Fue en la década de 1990 cuando empecé a escuchar que la mayoría de los facilitadores que impactaban era porque hacían "dinámicas" (en realidad, eran técnicas, como bien lo puntualiza Julio César Verdugo) para que los participantes visualizaran, comprendieran o aprendieran algún objetivo. En lo que ahora me doy cuenta de que no facilitaban del todo bien es en la retroalimentación o en el facilitar el darse cuenta, etapa que me parece clave y muy importante, ya que se necesita estar capacitado para este fin. Es decir, una técnica ("dinámica") de impacto la puede hacer cualquiera, y no cualquiera puede conducir la retroalimentación de manera adecuada para extraer el darse cuenta o la toma de conciencia en cada participante, aquí tiene más ventaja quien esté más preparado, por ejemplo, un terapeuta lo hará mejor que un prestador de servicio social.

No estoy refiriéndome a la Terapia de Choque entendida como Confrontación de actitudes o comportamientos, y que es usada en algunos contextos por quienes lo creen pertinente.

¿Qué son las Técnicas de Impacto? Una respuesta es: son técnicas derivadas de Terapia de Impacto (Impact Therapy), un enfoque desarrollado en la década de1980 por Edward Jacobs, Ph.D., profesor de Asesoramiento psicológico y rehabilitación en la Universidad de West Virginia, Y Christine J. Schimmel, de la misma Universidad de Virginia. Posteriormente, también este tipo de terapia ha sido mejorada magistralmente por la Psicóloga canadiense Danie Beaulieu, cocreadora de EMI (Eye Movement Integration).

La Terapia de Impacto es diferente en su enfoque ecléctico y su integración sinérgica de muchos modelos de intervención psicoterapéutica, particularmente de la Hipnosis Ericksoniana, psicoterapia orientada al cliente, Terapia de la Realidad, PNL, Terapia Racional Emotiva de Ellis, Análisis Transaccional, Terapia Gestalt, y, recientemente, Teoría Proacción.

Antes y después de Ed Jacobs, ha habido y seguirá habiendo personalidades que en su estilo hayan facilitado algunas o muchas técnicas de impacto, podemos mencionar, por ejemplo, a Milton Erickson, Jay Haley, Fritz Perls, Richard Bandler, Robert Dilts, Steve Andreas (John Stevens), Bert Hellinger, Jodorowsky y muchos otros.

Cuando estudié la Maestría en Terapia Gestalt en INTEGRO Guadalajara/Colima (2005-2008), los maestros nos facilitaban técnicas grupales e individuales, y sí, la casi totalidad de éstas eran de impacto y con una retroalimentación de calidad, principalmente filtrada con Terapia Gestalt.

Por cierto, para los seguidores de la Terapia Gestalt, verán que Ed Jacobs y Danie Beaulieu en sus libros le dedican muchas páginas a combinar esta con la Terapia de Impacto.

La Terapia de Impacto que se comparte aquí no es simplemente lo que inventó Ed Jacobs ni su marca comercial, es también algo que se sugiere debería estar presente en cualquier estilo terapéutico o pedagógico.

En algunas sesiones grupales he tenido que recurrir a llevar **objetos que causen impacto** y a partir de ello se desarrolle la sesión. Por ejemplo:

1.- *Un frasco en medio del grupo.* Sirvió para comentar historias y metáforas (mías y de los participantes), aspectos de por qué y para qué estuvo medio lleno, medio vacío. La importancia de vaciarse para poder recibir algo nuevo.

2.- *Un garrafón lleno de agua.* Útil para fomentar la unión grupal, después de varias historias, ejercicios y metáforas, al final bebieron todos de esa agua "energizada" por sus vibras grupales.

3.- *Una esponja.* Para afianzar mi historia de cómo las experiencias se van guardando desde nuestra niñez: *"como si fuéramos una esponja".*

4.- *Una máscara de calavera.* Para a través de ella dialogar (como si estuviéramos muertos) con nuestros seres queridos, esto aunado a historias y metáforas en terapias de tanatológicas y de duelos.

5.- *Una silla pequeña.* Usada dentro del marco de la sesión en que se trató de historias y tratamientos para traumas de la niñez, algunos se sentaron en ella transformándose en los niños que fueron.

OTROS IMPACTOS

Podría platicar que me he impactado cuando un docente, desesperado porque no podía explicar las propiedades de una sustancia química, vaya al laboratorio que estaba a 50 metros, trajera una muestra de la sustancia y vertiera en el suelo un poco de ella, causando una llamarada. Y cuando, a mitad de una fiesta, entre una batucada. O que, en la película 'Stand Deliver' (Con ganas de triunfar) el profesor Jaime Escalante, como estrategia para enseñar matemáticas de fracciones, imparte una clase disfrazado de cocinero que parte frutas.

Y mejor contaré que estando impartiendo una clase, saqué un pedazo de hielo, lo arrojé contra la pared y les dije a los alumnos: "no se preocupen, es para romper el hielo". O que una vez que estaba facilitando una sesión grupal, en la parte final abrieron sus ojos y tenían una semilla de mostaza en su mano (o un arbolito, según me contó una sesión parecida, el Psicólogo Miguel Ángel Jiménez).

Impactan los magos, no por el truco en sí, sino por la manera en que lo hacen. Diría J. Zeig que por la manera en que envuelven el regalo.

Otra actividad de impacto, cuando trabajando en integración grupal, un garrafón de agua purificada permaneció durante toda la sesión en medio del círculo de participantes. Se desarrolló la sesión mentalizándose en la integración y trabajo en equipo, para que al final los integrantes bebieran de esa agua, "impregnada" con sus "vibraciones de energía".

En otro momento, llego con un grupo y cargo un frasco llenado a la mitad de agua. Les pregunto qué es lo que traigo. A partir de ahí se deshila un sinfín de aspectos a tratar, ¿medio lleno o medio vacío? Polaridades pesimistas-optimistas, agregarle brillantina que ensucia el agua, como los enojos nos ensucian la calma y hay que esperar a que se asiente. Que un frasco lleno no puede permitir que entre nueva agua. Impacto causó que les rompiera una hoja de papel a un grupo que me entregó su lista escrita de reglas grupales. Diciéndoles que lo que realmente me interesaba era observarlos cómo se relacionaban entre sí, y no propiamente la lista escrita en la hoja.

En una sesión grupal, una actividad consistió en que se colocaban una máscara de calavera y hablaban como si hubieran muerto, es decir, "ya fallecidos" hablaban de la causa de su muerte, cómo fue, qué aprenden, de qué se dan cuenta, etc.

Impacta a los participantes de un grupo, o a una persona en lo individual, la quema de sus "negatividades". He usado un cesto metálico (que también utilizo para basura de mi oficina) y en él se coloca lo necesario ¿una carta, dibujo, frase, creencias escritas, "culpas", fracasos, errores, defectos? Esto como clímax o meseta de una sesión.

La Psicomagia de Jodorowsky impacta. Sí, pocos aún pueden presumir de ser psicomagos. Sin embargo, vale el abono de retomar algunos elementos de esta técnica, sabiéndolos integrar a la sesión, en la visualización guiada o en lo práctico si estamos en condiciones de hacerlo.

La tierra purifica, por eso se habla de enterrar cenizas; la flor blanca representa el perdón, por eso se habla de plantarla encima del pozo tapado donde se enterraron las cenizas de la quema de lo que ocasiona conflicto.

Derramar miel alrededor de la flor blanca se refiere a un final dulce, positivo, constructivo.

El youtuber 'Escorpión Dorado' rompe el confort de las personas para lograr extraer una interacción valiosa y entretenida, basada en el humor y la irreverencia.

Los poligrafistas, capacitados para manejar el polígrafo o detector de mentiras, saben que tienen pocas horas para con sus sensores lograr medir reacciones corporales del examinado, y que éstas sean lo más genuinas posible.

Por eso, algunos de ellos, para acelerar cómo reaccionarán los examinados en situaciones de frustración o ante temas incómodos, suelen recurrir a estrategias que buscan quitar las máscaras sociales a los entrevistados. Algo parecido sucede en una sesión terapéutica, se cuenta con 50 minutos o más (a veces menos tiempo) para asomarnos a los fondos del consultante, por lo que las técnicas que se faciliten tendrán que impactar, remover las emociones o la mente del receptor.

Por último, decir que veo dos grandes tareas para los que nos interesemos en esto:
1.-Analizar y practicar lo que nos ofrecen los autores, adaptándolo a nuestro contexto terapéutico.
2.-Ser creativos en nuestro consultorio con nuevos recursos que podamos usar en nuestro estilo. Sabiendo de antemano que hay materiales que sabemos que nos van a estimular la creatividad, por ejemplo: sillas (grandes y pequeñas), hojas de papel, pelotas, globos, crayones, pizarrón, agua, recipientes (vasos, frascos), entre otros.

Modelo Milton

En una entrevista, solemos usar el ***Metamodelo de Bandler y Grinder*** para precisar los mensajes del contenido que nos comunican, así, cuando alguien nos dice: "*y llevaba ya mucho tiempo ahí*", le preguntamos para clarificar la comunicación: *¿quién llevaba mucho tiempo ahí? ¿por qué llevaba mucho tiempo ahí?* Es decir, como entrevistadores queremos tener la comunicación clara para que no haya malentendidos, por lo que es necesario preguntar quién, qué, cómo, en qué contexto, cuándo, etcétera. Hay gente que tiende a generalizar, omitir o distorsionar el contenido de su lenguaje. Ante eso, el Metamodelo pretende ser una alternativa para una mejor comunicación, más concreta y para que ambos miembros de la entrevista o relación tengan la misma referencia.

El Metamodelo es un modelo ***transformacional***, que transforme el lenguaje de la superficie para llegar a un estrato profundo del significado del lenguaje.

En contraparte, y como complemento del modelo anterior, Richard Bandler y John Grinder descubrieron el **Modelo Milton**. Este modelo lo crearon después de entrevistar y estudiar grabaciones que hicieron del hipnotista más famoso del mundo: **Milton Erickson**, conocido por su arte en contar historias y solucionar casos complicados de terapia que le enviaban.

El Modelo Milton es un modelo ***transderivacional***, porque ante el lenguaje ambiguo presentado, es el propio individuo (oyente) el que deriva y le da un sentido personal en lo profundo de su mente (inconsciente) de acuerdo a sus propias experiencias. El Modelo Milton genera un ***trance*** en la persona (de leve a profundo, según la habilidad del facilitador y la disponibilidad del oyente), por lo que la metáfora, historia o similar impactará más.

El Modelo Milton tiene tres principales elementos a considerar:

1.- **La Generalización:**
Al oír una generalización, nuestro oyente tiene que filtrar su propia experiencia para dar sentido a lo que le decimos. Una generalización puede ser útil o no, depende del contexto en que se da. Ejemplo: "*cualquier ruido que oigas te ayudará a poner más atención a mi voz*".

Cuantificadores universales:
siempre…nunca…todos…nadie…todo…nada…cada…cualquier…cualquiera…
Ejemplos: "Todos los que triunfan resuelven una crisis". "Cualquier problema es pasajero". "Siempre te has sobrepuesto a las dificultades".

Operadores modales: Los operadores modales marcan la ausencia de opción: son palabras como "debería", "tiene que", "no puedes", "no hará que".
Ejemplos: "¿Te das cuenta de que no puedes abrir los ojos?". "Deberías saber lo bien que se siente haber derrotado las dudas".

2.- La Omisión o Eliminación:
Es acortar la información como medio práctico y ahorrar tiempo para comunicarnos, a costa de omitir detalles.
Omisión comparativa: "Esto es cualquier cosa". "De alguna manera lo harás y te sentirás bien".
Ausencia de índice referencial: "Siempre he sabido que así se hace", "esto se puede aprender fácilmente". "No sé cómo, pero lo terminaré".

Nominalización: Se usan sustantivos (nominales) abstractos, ambiguos, para que sea el individuo quien le asigne un valor propio a las palabras. Por ejemplo, palabras como: *motivación, confianza, libertad, belleza, fealdad.* Ejemplos: "¿En qué parte de tu cuerpo sientes la confianza?". "Escucha la motivación que hay dentro de ti y te anima a seguir adelante".

Verbos Indefinidos: Son útiles a la hora de expresarse difusamente verbos como "resolver", "arreglar", "cambiar" "experimentar", "comprender", sentir", "aprender", "solucionar", "preguntar". Ejemplos: "Esto se va a arreglar más temprano que tarde". "Hay que cambiar para ser mejor persona". "Esto lo tienes que resolver para volver a relacionarte con tu familia".
En el ***albur mexicano***, es común usar verbos en doble sentido (principalmente aludiendo a lo sexual), por ejemplo: "¿Entonces te lo meto por debajo? (Cuando habían acordado que le dejara un documento por debajo de la puerta). Verbos que se prestan al albur: meter, sacar, encimar, montar, dar, echar, chupar, etcétera.

3.- La Distorsión:
Comunicarse con ausencia de contexto, lo que provoca confusiones y distorsiones. Suele notarse en tomar en cuenta algunos datos sensoriales y omitir otros.
Omisión del intérprete: La persona que hace la evaluación está ausente (omitida) en la frase. Por ejemplo: "es bueno que pienses en estas alternativas". "Lo que has hecho hasta ahorita es muy valioso".
Lectura de mente: "Ya sé lo que me vas a decir". "Puede que te preguntes para qué te sirve esta historia". "Sé que me preguntarás por qué te hablo a ti, y yo te contesto que es porque confío en que vas a salir adelante".

Causa-efecto de tiempo: Utilizar palabras como *"mientras", "al", "cuando", "durante"* y *"a medida que"* para vincular frases estableciendo una conexión en el tiempo. Ejemplos:

Causa-efecto de unión: Utiliza conjunciones (y, o, e, u, ni) para conectar fenómenos que no tienen relación entre sí. Ejemplos: "Estás escuchando el sonido de mi voz, y puedes empezar a relajarte". "Entiendes el cuento y vas encontrando una solución a tu conflicto".

Causa-efecto de consecuencia: Usa palabras tales como: *"hace que"*, *"causa"*, *"fuerza"*. Ejemplos: "La atención que pones a mis palabras *hace que* aprendas más rápido".

Federico Pérez agrega un cuarto elemento: **La Disociación**, que es el proceso a través del cual nuestra atención se orienta de la realidad externa hacia el mapa interno. Existen diversos grados de disociación, según los sentidos que estén involucrados y el foco específico en donde está puesta nuestra atención. Si sabemos observar, nos daremos cuenta de que una persona totalmente disociada no es consciente de la realidad exterior; no ve, escucha, huele, saborea, no siente lo que acontece en su entorno. Pierde la consciencia, porque la atención se dirige hacia nuestro modelo interno buscando la información requerida que nos dé un sentido a lo que experimentamos. La disociación es el mecanismo por excelencia en la hipnosis ericksoniana. Esto nos puede ocurrir con una historia, con una metáfora, de manera espontánea, o al contemplar algo que nos deje absortos.

Patrones adicionales del Modelo Milton

Órdenes negativas: *"No quiero que llores con lo que sientas"*. *"No te obligaré a que me prestes atención"*. Esto es lo que algunas personas cotidianamente le llaman *"psicología inversa"*.

Presuposiciones:
-Cambio de verbos y adverbios de tiempo. Empezar, terminar, dejar, comenzar, seguir, proceder, ya, todavía, aún, nunca más, etc. *"Puedes seguir relajándote"*. Esto presupone que ya te estás relajando.

-Adjetivos y verbos de comentario: Afortunadamente, cómodamente, maravillosamente, por suerte, inocentemente, felizmente, necesariamente, etc. Por ejemplo: *"Afortunadamente, no tengo necesidad de conocer los detalles de lo que deseas para ayudarte a conseguirlo"*.

-Predicados de conciencia: Se pueden utilizar palabras como *saber, darse cuenta, ser consciente, observar, sabías que…*etc., para presuponer el resto de la frase. La única cuestión es que el oyente se dé cuenta de lo que estás señalando." *¿Te das cuenta de que tu mente inconsciente ya ha empezado a aprender….?" "¿Sabías que ya has estás en camino de una solución?"*.

-**Cláusulas de tiempo subordinadas:** Comienzan con palabras como *antes, después, durante, al, mientras, previamente, cuando, a medida que, etc. Por ejemplo: "¿Quieres sentarte mientras entras en trance?"* Eso dirige la atención del oyente a la cuestión de sentarse o no, y presupone que entrará en trance. Otro ejemplo: *"Quisiera discutir algo contigo antes de que termines este proyecto".* Esto presupone que terminará ese proyecto.

Postulados: Órdenes corteses que se emplean para pedir algo indirectamente. "¿Me pasas el vaso de agua?". En las ventas se creó la técnica del *set del sí*, que consiste en hacer varias preguntas para que la otra persona responda "sí", y entonces lanzar una pregunta para cerrar una venta y que por inercia (persuasiva) nos responda que sí.

Órdenes enclavadas: Pienso que te beneficiará que te relajes, te pongas cómodo y escuches atentamente. "Date cuenta en qué momento empiezas a sentirte mejor".

Preguntas enclavadas: No sé si ya te habrás preguntado... ¿Es de mí de quien hablan?

Confusión por polaridades: "Pregúntate si será hoy o mañana cuando empieces a cambiar tus pensamientos negativos por unos positivos".

Expresiones indeterminadas: Cumplen la misma función que los predicados nombrados anteriormente. Un ejemplo concreto de estas expresiones. Si le decimos a la persona "su mano se cerrará más tarde o más temprano" no estamos imponiendo ningún límite, con lo cual estamos favoreciendo la libre traducción física del hecho sugerido.

Marcación analógica: Se utiliza para reforzar la eficacia de las órdenes ocultas. La instrucción que importa se acentúa, de manera que la persona sólo la perciba inconscientemente. Se puede variar la voz, subir o bajar el volumen, hablar más pausadamente, subir las cejas, haciendo un ademán, haciendo una pausa de silencio, etcétera.

En resumen, si queremos transmitir una historia o metáfora, será mejor recibida si usamos los elementos de lenguaje ambiguo del Modelo Milton. Si aprendes a usar este modelo avanzarás más rápido para saber contar historias.

Primera tarea para ti: Lee 5 historias o cuentos y detecta elementos del Modelo Milton.

Segunda tarea: Consigue y estudia a fondo el libro *"Trancefórmate" de Richard Bandler y John Grinder*. Ahí encontrarás una transcripción de un taller y explicación más a fondo del Modelo Milton. También, hay varios libros escritos por Milton Erickson y otros sobre él. Uno recomendable sobre sus historias se llama *"Mi Voz irá contigo"*, de Sydney Rosen.

Manejo de Submodalidades

Una mañana, el guerrero mongol Gengis Kan y su séquito salieron a cazar. Mientras sus compañeros llevaban flechas y arcos, él llevaba sobre el brazo su halcón favorito, que era mejor y más certero que cualquier flecha, porque podía subir a los cielos y ver todo aquello que el ser humano no consigue ver. Sin embargo, no consiguieron encontrar nada. Decepcionado, Gengis Kan volvió a su campamento, pero, para no descargar su frustración en sus compañeros, se separó de la comitiva y decidió regresar solo.

Habían pasado en el bosque más tiempo del esperado, y Kan estaba muerto de cansancio y de sed. Debido al calor del verano, los riachuelos estaban secos y no encontró sitio donde refrescarse hasta que, ¡milagro!, vio un hilo de agua que caía de unas rocas enfrente de él. En ese mismo momento alejó de sí el halcón, sacó el pequeño cáliz de plata que siempre llevaba consigo, estuvo un rato llenándolo, y cuando estaba listo para llevárselo a los labios, el halcón le arrancó la copa de las manos.

Gengis Kan se enfureció, pero, como era su animal favorito, pensó que tal vez tenía sed también. Recogió el cáliz, lo limpió y volvió a llenarlo. Con la copa llena por la mitad, de nuevo el halcón se la arrancó y derramó el líquido.

Gengis Kan adoraba a su animal, pero sabía que no podía dejar que se le faltara al respeto, ya que alguien podría estar asistiendo a la escena desde lejos, y más tarde les contaría a sus guerreros que el gran conquistador era incapaz de domar una simple ave.

Esta vez, sacó la espada de su vaina, cogió el cáliz y se puso otra vez a llenarlo, manteniendo un ojo en la fuente y el otro en el halcón. En cuanto hubo llenado la copa lo suficiente y se disponía a beber, el halcón de nuevo levantó el vuelo en dirección a él. Kan, de un golpe certero, le atravesó el pecho.

Pero el hilo de agua se había secado. Decidido a beber fuera como fuera, subió el roquedal en busca de la fuente. Para su sorpresa, vio realmente una poza de agua y, en medio de ella, muerta, una de las serpientes más venenosas de la región. Si hubiese bebido del agua, ya no estaría en el mundo de los vivos.

Kan volvió al campamento con el halcón muerto en sus brazos. Mandó hacer una reproducción en oro del ave, y grabó en una de las alas:

«Incluso cuando un amigo hace algo que no te gusta, continúa siendo tu amigo». En la otra: «Cualquier acción movida por la furia es una acción condenada al fracaso».

1.- En este cuento, podemos hacer gala de enfatizar submodalidades auditivas, al narrarlo con detalles.

2.- Se puede hacer una breve introducción señalando que Gengis Khan conquistó la mayor área del planeta que nadie ha igualado, formando el imperio más grande que jamás haya existido.

3.- Este cuento se puede adaptar al abordaje del tema de la furia o al tema de los conflictos de amistad.

4.- Si nos apoyamos con diapositivas con dibujos alusivos al cuento, estaremos estimulando lo visual, siempre tan necesario, ya que los nervios ópticos tienen el doble de neuronas que los auditivos.

5.- Entre más submodalidades usemos será más probable el impacto que cause en nuestros oyentes.

¿Qué es una submodalidad? Para entender esto, primero hay que recurrir a la PNL (Programación Neurolingüística), la que nos dice que el ser humano tiene Modalidades de percepción de la realidad (visual, auditivo y kinestésico). Estas modalidades presentan submodalidades, es decir, características, atributos o detalles.

Por ejemplo, en la **submodalidad visual**: tonalidad, color, tamaño, distancia, enfoque, posición, movimiento, marco, asociación-disociación.

En la **submodalidad auditiva**: entonación grave-aguda, pronunciación, acento, volumen, dirección.

En la **submodalidad kinestésica**: sabor, olor, posición corporal, peso, presión, intensidad, comodidad, agrado-desagrado, placer-dolor, etcétera.

La tarea continua es que practiquemos esas submodalidades en nuestras metáforas, cuentos e historias para potenciarlas.

¿Quieres resaltar algo positivo? Agrándalo, dale mucho colorido, acércalo al consultante, dale movimiento, súbele el volumen a su sonido o voz, su olor tiene que ser agradable, sonríe cuando lo narres.

¿Quieres resaltar algo positivo? Oscurécelo, hazlo pequeño, bájale el volumen, distorsiónalo, su olor es desagradable, no sonrías cuando lo narres, o aplica la ironía.

Los ensayos

Recomiendo practicar y ensayar en casa o en un lugar donde te sientas confiado y relajado. Se trata de que te pongas frente a un espejo y te conozcas tus gestos, tus movimientos, tu mirada, tus posturas y actitudes.

De ser posible, te sugiero ampliamente que te grabes o te graben mientras narras una historia, la que sientas dominar más. Por otra parte, ponte a escuchar también tu voz, solamente el audio de tu voz, ¿qué te transmite en los diferentes momentos de la historia? ¿la entonación de la voz es congruente con lo que narra? ¿Y qué opinan tus familiares o conocidos cuando te ven y te escuchan? Nos retroalimentamos tanto de los demás como de nosotros mismos.

El Centramiento

"-Planta firme tus pies en el suelo, como el árbol que hunde profundas sus raíces en la tierra, y para que tus piernas sean ese tronco robusto que el aire no puede mover, has un ejercicio muy sencillo: estando de pie, empuja ligeramente tus rodillas hacia atrás; logras con ello que las piernas se rigidicen como lanza de fierro
y quedas anclado en la tribuna, ganando confianza.
- ¿Qué tan separados deben apoyarse los pies?
-No deben estar demasiado abiertos porque tu posición parecerá retadora,
ni muy juntos porque puedes bambolearte;
colócalos de manera que te sientas cómodo y bien apoyado.
Carlos Brassel Morales,
Maestro de Oratoria

Para la apertura fenomenológica en terapia hay que entrar en trance, en alfa, en desapego, en relajación, en fluir, en el conecte trascendente.

Casi nadie lo dice, quizá por pena. Para la apertura fenomenológica en terapia, ayuda mucho tener previa preparación espiritual.

Centrarse es fundamental para los psicólogos, terapeutas, consteladores, líderes, deportistas, jinetes, los que hablan en público, artistas...la lista es larga, en general, para cualquier persona. Ahora que lo recuerdo, en los tiempos de adolescente que me conducía inseguro, con miedos,...no estaba centrado...eso era, andaba desequilibrado sin saberlo...ahora lo comprendo.

> *"Lo más importante es la entrega total,*
> *dejar a un lado el ego y entregarte*
> *a la persona que te está consultando.*
> *Sólo de este modo es posible*
> *contemplar su campo energético".*
> Chamana Elena

EL INICIO DE LA SESIÓN

En el principio creó Dios los cielos y la tierra...

Hace mucho tiempo en una galaxia muy, muy lejana...

Estaba Pepito...

Había una vez...

"El mapa del paciente y no el del terapeuta,
es el del tratamiento. No viceversa.
El mapa no es el territorio.
Las personas tenemos filtros que nos impiden
percibir íntegramente lo que es la realidad.
Sólo podemos crear mapas de la realidad
en nuestras representaciones internas.
El hombre actúa de acuerdo con tales mapas"
Federico Pérez (1994).

Manejo de la ansiedad

Es "normal" sentir un estado de ansiedad antes, durante o después de estar en una sesión. Es parte de nuestra naturaleza. Ahora, ese estado (porque no es una emoción) puede manejarse para que no nos vaya a bloquear, a nosotros o al oyente.

Me explico: **el manejo de la ansiedad hay que aplicarlo para el facilitador y para el consultante.**

En el facilitador para que se relaje y pueda desenvolverse mejor al contar historias o desarrollar sus estrategias.

En el oyente porque si este está relajado podrá entrar más fácil en un estado de alerta relajada (nivel cerebral Alfa), lo que hará más apto y receptivo a las metáforas e historias que le narremos.

Algunas sugerencias a tomar en cuenta

Para el facilitador:
1.- Sonreír, sonreír, reír. Pudiéndonos ayudar viendo videos cómicos o acordándonos de situaciones divertidas que hemos experimentado. O aplicarnos un anclaje para acceder rápidamente a ese estado relajante o de confianza, que previamente anclamos.
2.- Respirar profundamente, con algún ritmo pertinente (por ejemplo: inspirar 4 segundos, retener 8 segundos, y exhalar 8 segundos) y de preferencia que sea respiración diafragmática (se infla nuestro abdomen mientras inspiramos, y se desinfla cuando exhalamos)
3.- Antes de la sesión, haber caminado rápidamente durante unos 10 minutos.
4.- Aplicarnos unos 10 ó 15 minutos de estimulaciones bilaterales en el pecho (abrazo mariposa) o en las rodillas. O aplicarnos tapping EFT (Técnica de Liberación Emocional) con una frase motivadora.
5.- Escuchar música instrumental relajante o bilateral. También existe, en *You Tube* música instrumental con paisajes relajantes.

Para el consultante:
1.- Que escuche música instrumental o relajante unos 10 ó 15 minutos antes de iniciar la sesión. En algunos espectáculos, prefieren poner canciones alegres en los 30 ó más minutos previos a una función.
2.- Usar el sentido el humor con el consultante, antes o al inicio de la sesión, para que se relaje.
3.- Usar con arte y discreción el Modelo Milton ante los consultantes.

4.- Si es una sola persona, acompasarnos a su ritmo respiratorio, lenguaje utilizado y submodalidades preferidas.

La palabra, acto o frase bomba

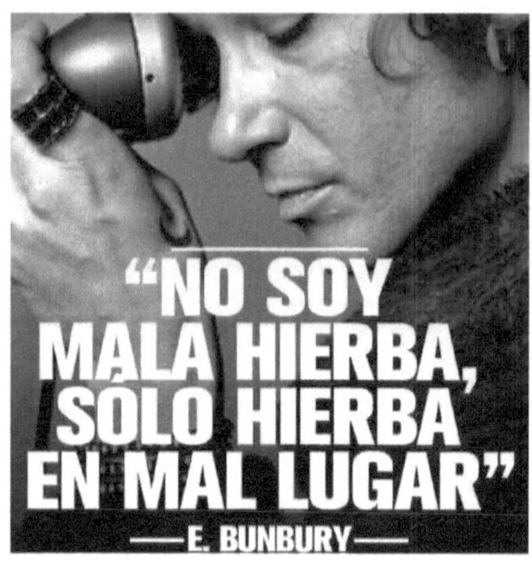

Yo he empezado sesiones con de algunas estas alternativas, para sorprender, impactar, atraer su atención:

1.- ¿Cómo ven, andan diciendo de ustedes que…

2.- Me cabo de enterar que en una encuesta…

3.- Puse con plumón rojo una frase en un pizarrón blanco: *No solamente con cama se ama*. A partir de ahí se debatieron las maneras de expresar amor a la pareja.

4.- Como en algunas funciones de lucha libre, suprimiendo la presentación, inicié directo a una técnica grupal.

5.- En otra ocasión, el inicio fue con un cortometraje que les impactó y entonces se hizo la retroalimentación.

6.- Cuando era más joven (ya no lo hago) se me ocurrió al ingresar a un salón (yo como docente) y lanzar un pedazo de hielo a la pared, ante el desconcierto de todos en el salón, les dije: "*es para romper el hielo, no se preocupen*".

7.- Una vez, ante presos catalogados de violentos, inicié con el cuento de Gengis Kan, el cual encontrarás unas pocas páginas atrás.

8.- Era la ocasión "mil-ochomil" en que atendía a cierto consultante, esta vez, intenté iniciar de manera diferente, le comenté sin preámbulos: "Ya, sin rodeos, dime qué es lo que tú has descubierto que te hace recaer en las drogas". Hizo un silencio de segundos, se quebró y empezó a llorar: "*la verdad, es por una novia que tuve…*". Tardó más de un año en animarse a confesarlo.

La metralleta de preguntas

El principio de la sesión es un espacio para soltar una andanada de preguntas, con el fin de enganchar al público.

Muchas de esas preguntas no las podrán contestar, por lo que levantarán su curiosidad y expectativa, que saciarán y responderán a lo largo de la sesión.

Capturar la Atención

Para capturar la atención, los giros de emoción y contenido pueden ser útiles, por ejemplo:

Haber, no nos hagamos tontos...
Ahora veamos el otro lado de la moneda...
Tengo una mala noticia...
Imagínate que...
¿Qué pasaría si...?
Vamos viendo los datos crudos...
Pero no todo está bien...
Sin embargo, hay que ser sinceros...
¿Y qué dijeron, este no se va a dar cuenta de...?

La primera Metáfora o Historia

Puede ser una que ya preparaste o una improvisada. Lo improvisado tienes que intuir que sea pertinente, no toda improvisación puede ser adecuada.

La Resonancia

**La resonancia ocurre cuando la frecuencia de vibración natural
de un objeto responde a un estímulo externo de la misma frecuencia.**
Nancy Duarte

Resonar con los que estoy atendiendo es hacerlo a través de la empatía, la confianza, la comprensión, darle el lugar privilegiado al público (no a mi ego).

Resonar con otro es escuchar sus necesidades, no imponerle algo sin conocer su personalidad.

Resonar es vibrar en la humildad, en entender que nosotros somos los visitantes en su vida, los extraños que llamamos a su puerta emocional.

Resonar con los demás es navegar en el rol de facilitador, no de curandero. Es mostrar nuestra vulnerabilidad e inquietudes cuando sea necesario, para que los otros se identifiquen y se proyecten.

Resonar es ser interactivos adecuadamente, mostrando sensibilidad e inteligencia emocional al escucharlos y brindarles alternativas.

Resonar es mostrar una auténtica emotividad, tanto en la actitud verbal como en el cuerpo.

¿Cómo resueno la confianza? Con el Rapport.

¿Cómo resueno la empatía? Reflejando entonaciones o acentos de voz del público. Familiarizándome al haber platicado con algunos de ellos antes de empezar la sesión. Comiendo y bebiendo lo que ellos (no recomiendo las drogas legales como alcohol y tabaco).

¿Cómo resueno la comprensión? No mostrándome autoritario ni soberbio, sino humilde y abierto a cualquier cosa.

¿Cómo resueno ante una sola persona? Usando las estrategias de PNL en cuanto a igualación verbal, espejeo corporal directo o cruzado, igualación de la respiración, etcétera.

El Rapport

Para generar rapport (clima de confianza) ya no es suficiente hacer comentarios sobre el calor.

Es necesario valernos de recursos corporales y no verbales como los siguientes:

1.- Podemos usar **el estímulo kinestésico**, saludando de mano o de abrazo al consultante. Esto establece una más fuerte conexión interpersonal.

2.- Discernir el tipo de **lenguaje del consultante** para usar los mismos predicados o el mismo acento, esto sin que parezca una imitación descarada, tiene que ser lo más sutil posible.

3.- **La sonrisa.** Una sonrisa franca durante los primeros minutos contribuirá a generar confianza. Tenga cuidado de que su sonrisa no sea de "nerviosismo". Para esto, le conviene anclar un estado de su pasado donde usted sonrió sinceramente.

4.- **Espejeo directo o cruzado.** Es recomendable usar mejor el espejeo cruzado y que la postura o movimiento no sea exactamente igual a la que hace el consultante. Porque resulta que el espejeo directo ya es muy conocido por la gente, y me ha tocado recibir preguntas incómodas de por qué estoy imitando a alguien, por esa razón, yo prefiero el cruzado.

5.- Decía al principio que las preguntas sobre el calor ya están aburridas, hay que ser más **creativos al preguntar de otras cosas**, por ejemplo: ¿de qué manera llegaste aquí? ¿qué opinas de este lugar?

6.- **La mirada atenta.** Si tu mirada está distraída o desatenta con el consultante, estarás iniciando con el pie chueco. Que tu mirada lo haga sentirse apreciado y tomado en cuenta.

7.- **La escucha activa.** Escucha las necesidades del consultante, escúchalo con todo tu corazón, con todo tu cuerpo y con toda tu mente.

8.- **Familiarizarse con los consultantes**. En el sentido de que convivamos con ellos unos minutos, comamos o bebamos lo que ellos (excepto alcohol y tabaco, por ética). En la película "*McFarland sin límites*", el entrenador tuvo que trabajar durante un día donde lo hacían sus alumnos (corte de un fruto). Se cansó y fue difícil, sin embargo, esa acción logró aumentar el *rapport* y confianza tanto de sus alumnos como de los familiares de ellos.

9.- **Otros.** Hay multitud de libros que te hablarán sobre el arte del rapport, consulta alguno de ellos.

La Retroalimentación

Finalmente, lo importante no es tanto lo que le transmites a la gente o cómo se lo transmites, sino cómo lo percibe y lo siente quien te ve y te escucha. Es decir, el cliente siempre tiene la razón, independientemente de que tú alegues tener razones o verdades.

Retroalimentarse con las personas que tienes enfrente es entrar en interactividad verbal, no verbal y paraverbalmente.

Eso nos sirve como una forma de evaluación sobre la marcha.

EL DESARROLLO DE LA SESIÓN

Las Demás Historias mías y tuyas

Durante la sesión, podremos contar más historias, metáforas o similares.

Las Historias del consultante

Un recurso que no se puede pasar de largo es el escuchar las historias del consultante. A veces notaremos que son rebuscadas, exageradas, minimizadas, incoherentes, incongruentes, fantaseosas, egoicas y contadas a modo.

No creer todo lo que se nos cuenta, porque es una parte del pastel, estamos careciendo de la historia que contaría la pareja, el padre, la madre o el hermano de ese consultante.

Hay que estar atentos en qué se proyecta, qué mecanismos de defensa está usando. En ocasiones será necesario centrarlo para que no se desvíe del tema principal, o hasta hacerle terminar la historia si es contenido que no nos sirve o cuando nos pretenden manipular y evadir con información que no va al caso.

Otro recurso útil para desglosar y entender las historias del consultante es aplicar el Metamodelo PNL, con el cual precisamos la información que nos suele lanzar distorsionada, omitida o generalizada.

La primera cima

En la fotografía, el autor con tres amigos llega por primera vez a la cima del cerro 'La Cruz'.

Si en una sesión se midiera su curva de intensidad, la primera cima ocurriría en la parte media.

Este clímax sería por haber sacado del sombrero una historia impactante que haya causado emoción en los asistentes. Normalmente, este tipo de historias, como ya lo he dicho a lo largo de este libro, suelen prepararse desde antes.

Continuación del Rapport

Muchos piensan que el rapport se hace en los primeros minutos y ya tenemos que desecharlo como pañuelo sucio. No, el rapport continúa a lo largo de toda la sesión. O sea, el rapport es para entablar confianza. Imagínate qué pasaría si en algún momento de la sesión una persona deja de tenerte confianza y duda de ti, eso sería catastrófico.

Para mantener el rapport, también es importante convertir las resistencias en asistencias. Fritz Perls, Laura Perls y Milton Erickson lo tenían muy claro. Ellos no se derrotaban ante una resistencia, al contrario, ya tenían la experticia para reestructurar el acontecimiento y lograr que el consultante fuera encarrilado al objetivo. Ellos no se enojaban ni abandonaban la sesión, lo que hacían eran alternativas como contar una historia, reflejarle al consultante su tono de voz, su postura, sentido del humor, entre otras estrategias.

Hace pocas semanas, me enviaron al módulo de Máxima Seguridad del Centro donde laboro (una cárcel) para entrevistar a un preso catalogado de alta peligrosidad y de difícil manejo. Me recibe molesto y me reclama que en mi ojo derecho ve que yo estoy mintiendo, que porque él sabe leer ese ojo porque lo aprendió de una exnovia psicóloga. ¿Cómo manejé esta resistencia? Platicándole sobre lo que proyectan los ojos, y aclarándole respetuosamente que los ojos provienen del lado contralateral, lo cual le pareció interesante y hasta se disculpó por la manera grosera en que me había recibido. A partir de ahí fluyó mejor el abordaje.

EL FINAL DE LA SESIÓN

Resumir las ideas más importantes

No es necesario repetir la sesión o la conferencia, simplemente retomar los puntos más importantes que nos interesa que le hayan quedado claros al consultante.

Última imagen impactante

Terminar con una imagen que capture la atención y que exponga la ganancia potencial. Solamente tú puedes saber cuál será esa imagen especial que reserves para el final de la sesión.

Afianzar lo que podrían ser las personas

Ejemplificar cómo será la persona cuando se transforme al aplicar la o las ideas expuestas.

Nuestros consultantes tienen que quedar afianzados con la sensación de lo que podrían sentir si hacen lo que se les sugiere.

Que las personas asuman compromisos y se comprometan a realizar cambios.

Alertar qué les pasará si siguen igual

Si no lo hacen así, sucederá que…

Las consecuencias de no cambiar serán…

Apelar al miedo, a las consecuencias…

Una cosa más: Terminar en la cima

La Regla del Peak-End (Pico Final) quiere decir que nos conviene terminar la sesión en una nota alta, con un efecto ¡WOW!.

Quizá podamos hacerlo con una última historia, que los deje impactados, emocionados.

Steve Jobs lo sabía. Solía terminar sus presentaciones con "Una cosa más…", y sorprendía su acto final, para que la gente aullara de alegría y quedara enganchada. Lista para salir corriendo por el producto anunciado por Jobs.

Conviene hacer un pequeño silencio entre la terminación de tu presentación y el final, para que no sea un corte abrupto y seco.

Después del final

Una vez finalizada tu sesión, intervención, conferencia o lo que haya sido, hay variedad de opciones, veamos un collage de lo que hacen o hacían diversos famosos:

Adal Ramones (productor, conductor y actor) acostumbraba a hacer una junta con todo su personal para evaluar lo sucedido en su programa. Esta junta era realizada inmediatamente después de haber finalizado su programa.

Michael Jordan (ex basquetbolista) atendía a reporteros, firmaba autógrafos, y se tomaba fotografías con fans que se lo pedían, sobre todo con gente con minusvalías, previamente seleccionada.

Yo, el autor de este libro, me quedo unos momentos platicando brevemente con quien me aborda para hacerme preguntas o solicitarme ayuda más personalizada. Cuando es una sesión individual, vuelvo al rapport, hasta que se despide la persona. Es entonces que busco reponer energías bebiendo un vaso de agua, caminando un poco, respirando profundamente o haciendo estiramientos musculares.

Algo importante es saber que algunas personas tenderán a la **disonancia cognitiva** después de haberte escuchado. ¿Qué es la disonancia cognitiva? Es una teoría propuesta por Leon Festinger (1957) donde existe un malestar o incomodidad mental en el que las personas tienen una fuerte necesidad de asegurar que sus creencias internas, actitudes y conductas son coherentes entre sí. Para resolver esta disonancia (discordancia o desarmonía) podrá autoengañarse, justificarse o cambiar su comportamiento de acuerdo a la incorporación de nuevas creencias y actitudes por la toma de decisiones.

STORYTELLING EN EBOOKS

¿Cómo aplicar Storytelling en ebooks y libros?

En los elementos de inicio tienes que lograr impacto (LA PORTADA), captar la atención, iniciar con un texto que atrape al lector (prometerle responder una necesidad, adelantarle una respuesta (EN LA INTRODUCCIÓN).

En el desarrollo del libro escribir historias, frases, cuentos, metáforas, anécdotas poderosas, comparaciones. Fluir en lenguaje emocional, que evoque la imaginación. No importa si estás escribiendo una novela o un texto académico.

El final (EL ÚLTIMO CAPÍTULO) tiene que ser impactante, que el lector o lectora se quede con un buen sabor de boca y de ojos.

Un libro tiene que ser adornado por imágenes impactantes y bellas, párrafos no tan largos, de preferencia de trozos cortos. Hay que usar colores, fuentes en negritas, cursivas, etcétera.

Si no sabemos diseñar o maquetar pues hay que pedir ayuda o hasta pagar por un buen servicio.

Yo he aplicado el Storytelling en mis 15 libros, y he conseguido 10 Best Sellers, ¿será casualidad? Sinceramente creo que es el resultado de eso y otras cosas que contribuyeron, lo que sí me queda claro es que aplicar Storytelling en los libros me ha abierto un camino para comunicarme mejor y que sean más apreciadas mis experiencias compartidas.

Quien quiera profundizar en este tema le sugiero acudir a mi libro *"Cómo Crear un Libro Asombroso. Cómo Logré 6 estrellas"*.

LISTADO DE RECURSOS Y TÉCNICAS COMO SUGERENCIAS PARA ACOMPAÑAR EL STORYTELLING

Según Antonio Núñez, los recursos del Storytelling son principalmente 4:

1.- Proporcionando un **marco mítico** a nuestro relato le haremos ganar en significación, relevancia y longevidad en manos de sus potenciales usuarios.

2.- Los **ritos** son otro importante recurso del relato. Los ritos consiguen que bailemos, que cantemos, que *Érase una vez* pregonemos o que literalmente nos comamos o bebamos el relato.

3.- El tercer tipo de recurso del *storytelling* son los **arquetipos**. Un arquetipo consigue que la estatura pública del personaje de tu relato sea, como dicen en Hollywood: *«Bigger tan ife»* (más grande que la vida).

4.- Las **metáforas** son el cuarto recurso del *storytelling*. Puesto que se apoya en nuestros conocimientos simbólicos previos, todo un desván de conceptos, vivencias y recuerdos que llevamos siempre a cuestas y que, por comparación, nos ayudan a desentrañar el sentido de los nuevos conceptos por conocer.

Además, tenemos también estos recursos y técnicas:

***Obtener Atención:** Menciona Donald Dell (1990): "*Algunas veces, la mejor manera de atraer la atención es con un enfoque inesperado. Cuando reclutamos a Michael Jordan, sabíamos que teníamos una buena posibilidad, porque ya habíamos representado a varios jugadores graduados de la Universidad de Carolina del Norte, incluyendo varios de los antiguos compañeros del equipo de Michael. Probablemente él sabía tanto de nosotros como nosotros de él. Ese día fuimos los últimos en hacer una presentación y me di cuenta de que Michael estaba muy cansado y probablemente aburrido de escuchar lo mismo una y otra vez. Por tanto, le dije:*

-Michael, sé que ya nos conoces bien, así que en vez de darte una serie de datos que ya conoces ¿por qué no utilizamos el tiempo que tenemos para que nos hagas preguntas, preguntas respecto a nosotros o a cualquier cosa que hayas escuchado en otras presentaciones el día de hoy?

Inmediatamente se animó. Después lo contratamos".

***Ambigüedad:**

Mostrar imágenes ambiguas (en Internet abundan, como las pinturas de Octavio Ocampo y las figuras Gestalt ambiguas), nos puede ayudar a ilustrar que las cosas son relativas, según la perspectiva en que se les observe. Cada persona tiene un mapa y no el territorio. Vemos una parte del elefante, pero no todo el animal desde todos los ángulos. Esto también contribuye a un sano debate de las creencias y percepciones sobre un producto, situación, ideología o nueva idea. Por cierto, ¿Qué ves tú en la imagen?

***Películas.** No estoy diciendo que necesariamente se las tengamos que proyectar. A veces no tendremos el tiempo suficiente para esto. Está la alternativa de proyectar uno o varios clips, o narrarles una escena que consideremos pertinente.

Algunas sugeridas:
McFarland Sin Límites: Dirigida por Niki Caro. Protagonizada por Kevin Costner. La temática es sobre sueños, emotividad y esperanza en jóvenes hispanos limitados por sus condiciones económicas.
Al Otro Lado: Dirigida por Gustavo Loza. Protagonizada por Héctor Suárez. La temática es sobre la figura paterna que abandona a los hijos.
Mi Encuentro conmigo mismo: Dirigida por Jon Turteltaub. Protagonizada por Bruce Willis. La temática es que un ejecutivo muy ocupado con poco tiempo para los sentimientos que, tras una experiencia sobrenatural, se encuentra con un niño que resulta ser él mismo de niño.

Son muy recomendables las películas basadas en hechos reales.

Para otras 30 películas sugeridas, vayan a mi Blog:
https://bernal27.blogspot.com/search?q=peliculas

***Audios:**
Música bilateral (David Grand, Jorge Collazo, etc.)

Instrumentales de piano, ambiental, sonidos de naturaleza.
Instrumentales que transmitan emociones (Algunos tracks de Kitaro, Vangelis, Enya, etc.)

***Canciones:**
Napoleón: "Vive", "Hombre".
Alejandro Lerner: "Volver a empezar", "Todo a pulmón".
Luis Miguel: "Sueña".
Juan Gabriel: "Amor eterno".
Franco de Vita: "No basta".
Diego Torres: "Color Esperanza"
Los Tigres del Norte: "Un día a la vez".
El género es lo de menos, lo que importa es el mensaje y el público a quien va destinada la canción, por ejemplo, de salsa están estas canciones: "Vuelvo a nacer" (José 'Papo' Rivera), "Yo no sé mañana" (Luis Enrique).

***Cortometrajes, fragmentos de documentales:**
¿Quién se llevó mi queso? (Caricatura)
El Patito feo.
Aquí encontrarás 85 cortometrajes para educar con valores:
https://www.educaciontrespuntocero.com/recursos/cortometrajes-educar-en-valores/

***Libros de analogías y cuentos:**
¿Quién se llevó mi queso? Spencer Johnson
El Caballero de la Armadura Oxidada. Robert Fisher.
El Alquimista. Paulo Coelho (y otros del mismo autor).
El Esclavo. Francisco Ángel (y otros del mismo autor).
Volar sobre el pantano. Carlos Cuauhtémoc Sánchez (y otros del mismo autor).
El Camino de las lágrimas. Jorge Bucay (y otros del mismo autor).
La Sabiduría de los Chistes. Alejandro Jodorowsky (y otros del mismo autor).
El Diario de Ana Frank. Ana Frank
El Principito. Antoine de Saint Exúpery
La princesa que creía en los cuentos de hadas. Marcia Grad.
Almanaque Sanador: 365 cuentos de plano creativo. Carmen Guerrero y Paco Bou.
Aplícate el Cuento. Jaume Soler y Mercé Conangla.

***Revistas:** Recurrir a las revistas en un recurso al alcance de casi todos. Yo he recabado algunas historias, vocabulario, refranes y metáforas de '*Selecciones del Reader's D...*'. Por otra parte, hay revistas de divulgación científica como '*Muy Interesante*', canales de televisión como '*Discovery Channel*'. Y también nunca faltan las revistas sobre chismes y chorradas de los famosos del espectáculo, donde afortunadamente de vez en cuando incluyen las historias de cómo iniciaron y se prepararon esos famosos. Créeme, todo es útil contarlo, sabiendo cuándo, cómo y ante quién.

***Discursos famosos:** De presidentes estadounidenses, mexicanos o de otros países; de activistas de diversas nacionalidades.

***Sinónimos:** Narrar algo usando varios sinónimos sin estar siendo repetitivos le da frescura al relato, y hasta el oyente puede aprender palabras nuevas.

***Didáctica:** Por momentos nos conviene ser didácticos en nuestra narración, exposición o conversación. No demos por hecho que el público o consultante sabe lo que decimos, a veces es necesario explicarle con manzanas lo que le estamos diciendo. Por ejemplo, ante palabras complejas o decisivas, vale la pena traer a colación las raíces de esas palabras. También, usar las herramientas que usan los docentes y profesores: cañón proyector de diapositivas, pizarrón y plumones, mantas, cartulinas, hojas impresas, entre otros.

***Vulnerabilidad:** Mostrarte sensible o vulnerable es un recurso de sinceridad y humildad, siempre y cuando lo hagas con honestidad, porque si lo haces en plan manipulativo pues te saldrá el tiro ya sabes por dónde.

***Tuits:** Los tuits constituyen las modernas frases, algunas célebres. Por lo que sugiero se recurra a ellas cuando creamos que detectemos una frase poderosa. Yo soy autor de un libro llamado "*1000 Tuits de Bernal27. Ordenados por temas*", y echo mano de alguno de ellos en ocasiones para adornar lo que estoy narrando.

***Mapas mentales y conceptuales:** Me refiero a estos en el Apéndice 1. El poder de la imagen.

***Interrupciones:** Entre 2016 y 2018 me facilitó algunas clases el Dr. **Sergio** Xavier Vázquez Martínez, el Fundador, Rector, Maestro, Guía, Protector, etcétera, de INTEGRO, tuve ese honor y privilegio de convivir brevemente y observarlo facilitar demostraciones y escucharle parte de su sabiduría. En una ocasión, a los diez minutos de iniciada su clase, en la que nos estaba contando metáforas y un relato, se le ocurre a una compañera interrumpirlo para pedirle salir a un asunto. Aparentemente furioso, nos dijo que esta persona acababa de echar abajo diez minutos de inducción y rompió el ritmo que se estaba ganando en el grupo, que por favor no lo volviera a hacer.

Es importante que desde el principio el facilitador deje en claro de qué manera se manejarán las situaciones de idas al baño o salidas por cualquier cosa. Conozco Maestros de psicoterapia que advierten que están prohibidas las salidas al baño, otros mencionan que cualquier salida se tiene que hacer sin anunciarlo y con discreción.

*Actos psicomágicos:** Sí, ya sabemos el argumento sobado de que no cualquiera puede prescribir un acto psicomágico. Lo que sí se podría hacer, si no se tiene esa habilidad, es narrar algunos ejemplos de actos psicomágicos, con lujo de detalles, ya sabes: una descripción emotiva, que estimule la curiosidad y la imaginación. Encuentras muchos en los libros de Alejandro Jodorowsky ("Psicomagia"; "Manual de Psicomagia", "La Danza de la Realidad").

*Giros emocionales, de voz o de contenido:** Ya hemos comentado que son necesarios para evitar la monotonía, para encarrilar la sesión si es que la temática se hubiera del carril. También, para enfatizar un concepto o idea.

*Listas ordenadas (Listículos):** Yo suelo usar bastante las listas ordenadas de ideas, lo hago para condensar, sintetizar o resumir las ideas que intento transmitir. De hecho, en este y en casi todos mis libros notarás esto que te digo.

*Hipnosis conversacional:** Nacho Muñoz, experto en hipnosis conversacional, afirma tener las claves: *"Con la hipnosis conversacional podemos lograr que nuestro proyecto empresarial suene mucho más atractivo, que nuestro jefe o cliente olvide algún detalle que queremos que pase por alto o que tenga más vívido en el recuerdo un aspecto que nos refuerza, por ejemplo"*. Y estas son sólo, según Nacho Muñoz, algunas de las ventajas que trae consigo el dominio de este tipo de hipnosis. La conversacional apela al cerebro más primitivo, al reptiliano, para conectar con la mente automática del interlocutor antes de acudir a su filtro más racional. Porque, según el hipnotizador, *"no es lo mismo decir directamente que somos valientes y trabajadores que exponer esas dos capacidades en una **historia** que realmente conecte con el otro, haciéndole entrar en el juego"*. La hipnosis conversacional, también llamada "encubierta", tiene sus fuentes originales de Milton Erickson y otros expertos de Hipnosis y PNL avanzada.

*Fábulas, refranes, dichos, frases célebres:** Tener y consultar frecuentemente libros repletos de estos recursos. Asimismo, yo estoy al pendiente de escuchar estos cuando platico con otras personas o cuando consulto algún medio de comunicación.

*Lenguaje caló:** Yo laboro en un centro carcelario, por lo que ha sido necesario comunicarme más eficazmente con los presos adaptándome, en parte, a su lenguaje de caló penitenciario. De otra manera, hubiera sido rechazado por antipático y otros calificativos más feos.

*Poemas:** Parcial o totalmente, un poema puede ser una alternativa para ilustrar un tema, por ejemplo, si hablamos de una ruptura amorosa, yo pudiera compartir este tema (de mi autoría):

NARANJA FORMADA

Ya no hay presión de unir la naranja otra vez,
dos mitades que vuelven a enterarse que son enteros,
tenderán hoy a voltear más a su interior,
ya no a la naranja que se formó entre ellos,
bellos aprendizajes con altos puntajes hermosa,
nutritiva y madura fruta formada no esfera
perfecta igual que este planeta masticada
demasiado,
cayó por gravedad,
descubiertas semillas,
aun gajos del oficio,
cáscara acariciada y explorada,
ácido y manchas blanquecinas,
sedimentos eternos,
sabor durante años,
cual sol caído del cielo,
se ocultó bajo horizonte opaco,
preparación para nuevos soles,
en sintonía una nueva naranja.

Sentido del humor: Usar el doble sentido, aunque sin abusar de él. Humor para "romper el hielo".

Palabras que riman: Es un recurso más utilizado en poemas y canciones, sin embargo, pocos entienden que también lo pueden usar en frases o historias que se narran o se proyectan en diapositivas. La rima impacta y estimula la memorización.

Historias humanas, datos humanizados: Usar rostros humanos que proyecten emociones, emoticones, datos aplicados a los consumidores y consultantes. Datos aterrizados y cómo impactan a las familias.

Uso de imágenes poderosas: Fotografías, objetos pertinentes para una demostración o como emblema de nuestra historia.

Paradojas: *"al encontrarnos frente a una paradoja, ésta nos confunde de inicio, ya que viene a romper con la idea generalizada que tenemos acerca de ese tema; de entrada, nos choca y desafía nuestra razón, y quizás la primera sensación que experimentamos sea de rechazo e incredulidad. Sin embargo, a la vez nos seduce, nos llena de asombro, nos deja perplejos, nos deslumbra y se mantiene presente revoloteando en nuestra cabeza, hasta el momento en que finalmente admitimos la gran verdad que la paradoja encierra.*

Es por esta fuerza reveladora de la verdad que los grandes maestros espirituales (como los budistas, los chamanes y los grandes sabios han utilizado las paradojas a través de los siglos para transmitir mensajes, enseñanzas y para que sirvan de guía a las personas hacia la solución de algún conflicto o dilema. Una de las grandes paradojas de todos los tiempos se le debe a Sócrates al reconocer el conocimiento de la carencia de todo conocimiento: "Yo sólo sé que no sé nada". Tomado de: http://espaciogestalt.blogspot.com/2008/04/paradojas-y-doble-vnculo-en.html

Ejemplos de otras paradojas:
-"Para crecer espiritualmente, también es necesario amar lo material"
-"Ya, pues, sé espontáneo"
-"Puedes elegir esta opción o la alternativa" (Nota: no se le dice que ambas provocarán el mismo resultado)
-En la serie "Reina de Indias y el Conquistador", un personaje malvado amenaza al padre (sacerdote) y antes de retirarse le pide su bendición, a lo cual el padre, temeroso, accede.

* **Reiteraciones:** Repetir ideas, entonaciones de voz de frases importantes, usar música instrumental bilateral, tambores, mantras.

* **Anclajes:** Esto requiere tener conocimiento y habilidad para hacerlo, quien quiera realizar anclajes tendrá que informarse (PNL) y practicar. Te lo dejo de tarea.

* **Mnemotecnias:** Que hace muchos siglos, el griego Simónides estaba en una fiesta, feliz de la vida, cuando de repente sucedió una tragedia, un temblor derrumbó gran parte de la construcción donde estaba él y otros invitados, quedando algunos sepultados entre los escombros. Simónides sobrevivió, y cuando le preguntaron quiénes estaban en esa fiesta él contestó con precisión los nombres de esas personas. Lo hizo con base en asociar la persona con el lugar en que estaba colocada, ya que conocía bastante ese sitio. Así de simple y potente fue su clave para memorizar. La lección de esto es que podemos tomar como referencia un lugar muy conocido por nosotros (nuestra casa, habitación, lugar de trabajo, entre otros), para asociarlo con personas, cosas, ordenamientos, listas, posiciones, etcétera.

Recuerdo el curso "Aprendizaje de Alto Rendimiento", impartido por el fisicomatemático Raúl Scherzer, que impresionó a los alumnos y docentes del Colegio Campoverde, en Tecomán, Colima, México, allá por el año 2001. El instructor parecía a primera vista hacer show estilo mentalista, sin embargo, demostró que las técnicas enseñadas eran prácticas, incluso para mí, que era un tema que tenía relativamente poco explorado. Sin embargo, el antecedente de esto fue en la década de 1990 cuando los argentinos del método ILVEM de desarrollo de la memoria anunciaban su curso en video, haciendo demostraciones donde el instructor memorizaba una lista de 20 palabras en pocos minutos, asombrando a la mayoría de los espectadores, incluyéndome a mí. Con los años supe que aplicaba técnicas que ya habían sido descritas por el mentalista Harry Loraine a mediados del siglo pasado, en su ya clásico y básico libro "Cómo adquirir una Supermemoria".

***Símbolos:** Una de las maneras antiguas de comunicación fue el uso de símbolos. Según el contexto, hay símbolos religiosos, esotéricos, de pandillas, patrióticos, de valores universales, arquetípicos, etc. Usar símbolos, adecuadamente, puede enmarcar nuestra historia o metáfora con una poderosa imagen.

***Ejemplos de grandes narradores:** Jesús, Buda, Osho, Gurdjieff, Samael Aun Weor, Confucio, Lao-Tsé, Zaratustra, etcétera.

***Comparaciones:** *¿Has visto cómo las olas del mar se van y vuelven otra vez, y otra vez, y nunca paran?*

***Imaginaciones:** Procurar siempre que nuestro lenguaje, nuestra historia, nuestra metáfora, nuestro mensaje, estimule la imaginación de quien nos escucha, sea niño o sea grande.

***Vacíos y silencios:** A veces, hay vacíos en que hay que renunciar a hablar, solamente observar o escuchar.

CONCLUSIONES

Los publicistas saben usar el Storytelling en los anuncios de marcas de productos.

Los psicólogos también le entramos tarde o temprano a la publicidad de nuestro trabajo, producto o ebook.

Los psicólogos también vendemos, conversamos, facilitamos asesorías o terapias individuales y grupales. Somos humanos, somos presentadores, somos comerciantes.

Contar historias, entonces, se vuelve un recurso invaluable, una herramienta poderosa para persuadir, para llegar al inconsciente de quienes nos ven y escuchan. Es un medio, una manera, y de las mejores.

Esto no es infalible, no es una panacea, no es un milagro. No tendríamos que cargar todas nuestras esperanzas a una o varias historias.

Se trata de que, contando historias o sus derivados: metáforas, comparaciones, refranes, etcétera tengamos una sesión, presentación o charla más vitaminada, con más posibilidades de facilitar ayudar a otros, con más probabilidad de cumplir los objetivos propuestos.

No se trata de aventar historias a la cara de otros. Se trata de que usemos también las estrategias, enfoques y técnicas de Psicología y Terapia que ya dominamos, y éstas sean aderezadas con Storytelling. Por ejemplo, mi estilo en sesiones individuales y grupales es usar elementos de Psicoterapia Gestalt y Técnicas Energéticas y de Integración Cerebral. Ok, entonces a esto que ya tenía le he agregado el recurso de Storytelling, no voy a quitar lo que ya tenía.

Así que empieza a practicar con tus amigos, con tu pareja, con tus familiares…y después con las personas que sean tus consultantes, tus alumnos, tus oyentes.

La meta no es que te conviertas en un cuentacuentos callejero, comediante o gurú. No. Se trata de que desarrolles el arte de narrar algunas metáforas e historias, y con esto aumentar el rendimiento de tu labor como psicólogo, terapeuta o lo que seas (vendedor, novelista, escritor, locutor, conferencista, etcétera).

Apéndice 1.- El Poder de la Imagen

La imagen es perseguida por los publicitas, los políticos, los escritores, los materialistas, los espiritualistas, los cantantes, los artistas, los obreros para no accidentarse, los adictos a las redes sociales, los novios.

El uso de las imágenes ha estado cambiando en las últimas décadas, ha habido una transición paulatina en el uso de mapas conceptuales a mapas mentales, por ejemplo.

Un **mapa conceptual** es un cuadro gráfico que representa de forma visual como los conceptos dentro de un tema específico se relacionan e interactúan entre sí. A diferencia de un mapa mental, la idea principal de un mapa conceptual parte desde arriba y los conceptos se organizan jerárquicamente de arriba hacia abajo. Está basado para estimular más el intelecto y lo abstracto.

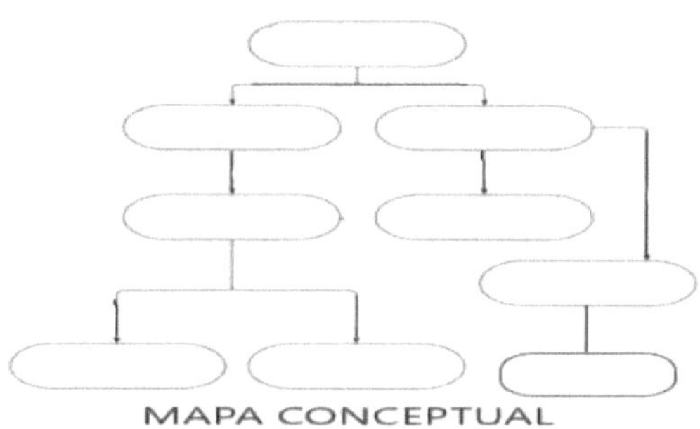

Un **mapa mental** parte desde el medio, porque dice Tony Buzan (su creador) que el cerebro es irradiante. El mapa mental usa colores, imágenes, dibujos, ideogramas, pictogramas, fotografías, y cualquier elemento que realce o contribuya a estimular o entender el mapa mental. Está creado para balancear lo intelectual y lo emocional y creativo. Para memorizar, este tipo de mapa es más útil. Existen libros de Tony Buzan, así como programas online para crear mapas mentales.

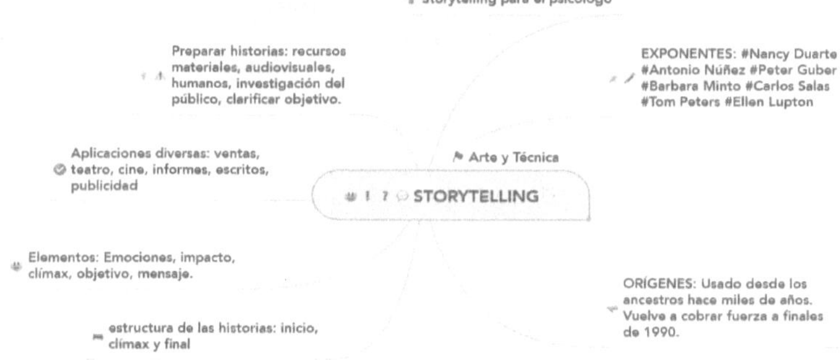

En cuanto al uso de **diapositivas**, en programas como *Power Point*, cada vez son más los libros, programas y cursos que surgen para facilitar la creatividad en ellas. Porque se fue experimentando que grandes científicos o personas especializadas en un tema elaboraban pobres diapositivas, restándole visibilidad y comprensión a las diapositivas que presentaban en conferencias, congresos o exposiciones.

En la historia de la humanidad se ha visto el poder de transmisión que tienen imágenes como las banderas, los iconos, los emoticones, las fotografías, las historietas, cómics, las caricaturas, los memes, los mapas, los pictogramas, los videos, las películas.

Las **diapositivas** se han constituido como un medio eficaz en una conferencia o exposición. Sin embargo, es un arte diseñar cada diapositiva. Será aburrida si no se le acompaña de un colorido, efecto, sonido o música. Y si ahí se muestran gráficas, estas tendrán que reflejar lo que se pretende, evitando confundir al espectador.

No conviene sobrecargar de información o datos una diapositiva o anuncio. Otro recurso es realzar una palabra o frase con colorido, subrayado o agrandamiento.

Los obreros se ayudan con los *ideogramas* para su seguridad. Los expositores exponen sus datos en gráficas. Algunos escritores prefieren elaborar un libro como historieta, tales como El Libro de Greg, los libros de Rius,

Conviene usar rostros humanos en las diapositivas y en las gráficas, porque humaniza los datos y la información, haciéndola más atrayente.

¿Por qué es tan atractivo el Tarot?
Más allá de las opiniones positivas o negativas que tengas
respecto a esta baraja, no podrás negar del impacto que causa
en muchas personas. Lo tiene porque sus cartas
contienen imágenes de arquetipos,
muchas historias se cuentan de esta baraja desde hace siglos,
además de que con ella se pueden interpretar o emerger
interpretaciones del pasado, presente y futuro,
según afirman los que creen en este mazo de láminas atrayentes.

En los últimos años, han surgido unas poderosas imágenes llamadas **memes**, las cuales podemos seleccionar cuidadosamente y aprovechar para enviar mensajes a nuestros consultantes.

Según Carlos Guerra: *"Desde 2012, el término Meme de Internet se usa para describir una idea, concepto, situación, expresión (palabra o frase) o sentimiento que se replica de persona a persona hasta alcanzar una amplia difusión y llegando a extenderse con gran rapidez a escala mundial, sobre todo a través de las redes sociales".*

Un ejemplo de meme:

EL FRIO
ES PSICOLÓGICO !!

Apéndice 2.- Algunos famosos autores de Storytelling

Quien quiera acudir a otros libros de Storytelling, le sugiero los siguientes:

Antonio Núñez: Elogiado autor de varios libros sobre Storytelling, entre los que destacan: "*Storytelling en una semana*", y "*Será mejor que lo cuentes*".

Nancy Duarte: Autora famosa por sus libros "*Resonancia*" y "*Slide:ology*".

Peter Guber: Autor del libro "*Storytelling para el éxito*".

Tom Peters y Bárbara Minte: Creadores y divulgadores de la estrategia Mckinsey.

Carlos Salas: Periodista y profesor de comunicación. Imparte clases de comunicación en muchas empresas e instituciones de España, Venezuela y Colombia. Es profesor de *Storytelling* en la Facultad de Periodismo de la Universidad Complutense, de *Storytelling* para el master de Periodismo de datos del CUV y el Master de Periodismo de *El Mundo*. También da clases de Escritura y de *Storytelling* para profesionales y para periodistas.

Ellen Lupton: Autora del libro "El Diseño como Storytelling".

Apéndice 3.- Los 40 Consejos del Cuentacuentos "Tío Patota"

Eduardo Robles Boza "El Tío Patota", (1941-2012), narrador, guionista, conductor, docente y cuentista mexicano, fue autor de un centenar de libros de cuentos, novelas para jóvenes y tratados diversos para padres de familia y maestros. Profesor de cátedra de Narración Oral en Estados Unidos, México y otros países de Centro y Sudamérica durante más de 30 años, preparando a miles de cuentacuentos. Fue el primer narrador oral contemporáneo en plantarse en un parque público, en una biblioteca nacional, en un museo de arte y en un estudio de televisión a contarle cuentos a chicos y grandes, en México.

A continuación, un resumen de sus consejos (las palabras en negritas las señalé yo):

1.- Un primer consejo para los que aspiran a convertirse en cuentacuentos es que **respeten su integridad emocional, su manera de ser y sentir, esa identidad** que no puede ni debe ser trastocada, por ningún concepto, ni en aras de cuidar una imagen.

2.- Están los cuentacuentos que hacen de este arte una profesión, que yo prefiero llamarle **vocación; los que se preparan todos los días y nunca cuentan igual el mismo cuento** porque improvisan, adaptan y alteran lo que están narrando; los que son recreadores de las historias que otros han creado.

3.- Los expertos y profesionales han entendido desde un principio que lo mejor que se puede hacer con un aspirante a narrador oral, ya sea para chicos o grandes, es **permitir que su personalidad aflore, que su estilo, su manera de decir y hacer las cosas con la palabra, el gesto y el cuerpo, se proyecte plenamente**; lo que será igual para todos será la técnica, el método y las reglas del juego. El chiste está en saber cómo podemos hacer para que el alumno libere esa personalidad, ese estilo, esa "chispa" que es muy suya y que esconde en su interior.

4.- **Leer, siempre leer**. Leer es primordial para hacerse de un vocabulario amplio y de un repertorio vasto que nos permita diversificar nuestras opciones. Nos facilitará el uso de la palabra y la adecuada construcción de frases y oraciones para estructurar debidamente una narración oral.

5.- **Verse y oírse.** No basta con ver y escuchar a los narradores orales de primer nivel que pululan en nuestro país, hace falta también verse y escucharse uno mismo.
Pero también hace falta llevar a cabo un ejercicio muy peculiar, solitario e íntimo. Consiste en encerrarse en una habitación, apretar el botón de una grabadora y ponerse a hablar...solito. Ignora si algunos te critican. Te escucharás luego detenidamente para descubrir las barbaridades que dices cuando narras una anécdota, un suceso acontecido esa misma mañana o un cuento que intentas contra algún día. Comprobarás muletillas en el camino, que recurrimos a redundancias, nos comemos sílabas, construimos mal el lenguaje y, en general, lo ensuciamos.
Lo mismo podemos hacer con el espejo, aunque nos tilden de vanidosos, Enfrentemos valientemente al espejo con ojos críticos y veamos cómo nos vemos, ¿Qué tanto conocemos nuestro rostro? ¿qué tan bien se expresa cuando hablamos?, ¿apoyamos con el gesto las palabras?, ¿hablamos el mismo idioma con el rostro y con la voz?

6.- La **Improvisación.** El juego de palabras es sumamente útil para ejercitar la improvisación, fundamental en la narrativa oral, ya que permanentemente estamos improvisando lo que narramos. Jamás nos aprendemos el texto leído de antemano -ni debemos intentarlo- sino que nos familiarizamos con él y, después, hacemos una adaptación para reducirlo y expresarlo a nuestra manera, con nuestras propias palabras, ¿o es que acaso memorizamos lo que le vamos a decir al vecino de enfrente? Jamás.

7.- **Ejercicios de preparación del narrador.**
a) Los ejercicios de **respiración** equivalen a recargar las baterías.
b) Los ejercicios de **vocalización** equivalen a sintonizar bien la radio.
c) Los ejercicios **gestuales** equivalen a ajustar bien el televisor.
d) Los ejercicios de **relajación** equivalen a aceitar bien el motor.
e) Los ejercicios de **sensibilización** equivalen a inyectarle sangre al corazón.

8.- **La voz.**

Especialistas en la materia sugieren que **para darle un tono más cálido a la voz y hacerla más agradable, hay que hablar con la voz apoyada en el pecho**, muy honda y sin levantarla jamás. Hay que procurar que los otros nos entiendan bien sin nosotros levantar la voz, hay que hablar despacio, con voz recia, pero no chillona. Agregaríamos que para ser escuchados no es conveniente hablar alto sino todo lo contrario; si hay murmullos, **si no acallamos las voces que interfieren con la nuestra, lo inteligente es hablar bajo**: nos escucharán, comprobado.

Hablar con el estómago, sugieren otros, para modular la voz, hacerla más fuerte -que no alta- y evitar así desgañitarse, que es el efecto de violentar la voz con la garganta. Los actores y actrices echan mano de los músculos del estómago para hablar mejor. Practiquemos nosotros también esta técnica.

9.- **¿Ya has elaborado la lista de palabras que a ti te suenan bien?**
Nosotros caprichosamente lo podemos hacer. Créeme si te digo que, en parte, el éxito de un narrador oral estriba en el manejo de esas palabras que suenan bien al oído del que las escucha.
Una lista preliminar de esas palabras incluye las siguientes, tú puedes ampliar o modificar esta lista:
Desconchinflado-chévere-cachetona-coqueta-antojable-¡zas!-¡pácatelas!-rimbonbante-cotorro-chula-despampanante-mequetrefe-metiche-tragón-picudo-truculento-¡santa cachucha!-conchudo-trompudo-flacucho-pompis-rechupete-¡uf!

10.- **La expresión corporal.**
Y es que el narrador oral tiene que manejar su sensibilidad para comunicar emociones y palabras. Un cuento que no sientes o vives en carne propia, no comunica nada. Si tú no lo sufres, lo gozas o lo amas, el cuento o la historia carece de emoción y es, simplemente, letra muerta.

11.- Cuando dispongas de un amplio repertorio de cuentos, **no escojas con demasiada antelación los que vas a narrar; hazlo minutos antes.** Influirán tu estado de ánimo, el público, el evento o narrador que te antecedió, etc. De esta forma acertarás.

12.- **Que el cuento te guste a ti, primero**, para que le guste a los demás, después.

13.- **No temas volcar todas tus emociones cuando cuentes.** Si eres reservado, piensa que simplemente estás narrando lo que los personajes de tu historia sienten, que no eres tú...Así lograrás abrirte y explayarte, y tu sensibilidad estará a flor de piel. Solamente sintiendo el cuento en el cuerpo se puede contar. Si no lo sientes, déjalo.

14.- **Antes de salir al escenario, apártate del mundo, aíslate por unos minutos,** relájate, afloja el cuerpo, métete en ti (introspección plena), no pienses en nada, limpia tu mente. Así...entra al escenario y ¡entrégate!

15.- **Evita apoyarte en recursos de otras artes al grado de que le resten fuerza a la oralidad en sí.** Depender en demasía de títeres, vestuario, escenografía, música, etc., es un recurso fácil del narrador inseguro y mediocre. En el arte de narrar, que prevalezca la palabra hablada, siempre.

16.- **¿Cómo va a empezar mi cuento?**
¿Cómo va a terminar? Piénsalo bien, piénsalo.
Debes conocer el cuento a tal grado que te permita jugar con él.

17.- El amor, el humor y el susto son los **ingredientes básicos de un buen cuento,** en sus diferentes tonalidades.

18.- **Narrar no es actuar, no es leer. Es decir.**

19.- **Las pausas y los silencios.** Un consumado actor o un reconocido conferencista o un destacado comentarista de radio y televisión sabe que las pausas y los silencios bien empleados, oportunamente manejados, resaltan su trabajo, lo hacen más comprensible y propician la expectación y la reflexión. A veces, al decir algo, el público oyente requiere de tiempo para asimilarlo y digerirlo; tenemos que darle su tiempo.

20.- **Cómo aprender un cuento sin memorizarlo.** La narración tiene que ser espontánea, con cierto grado de improvisación, adecuada al momento; el público, el lugar, tu estado de ánimo, influirán. El que narra tiene que estar dispuesto a alterar, acortar, extender el cuento en plena narración, de acuerdo con las circunstancias.

Para dominar el cuento que has leído o escuchado de antemano te sugiero que recurras a una técnica que yo uso y no requiere de memorización. **"El Esqueleto" es el camino a seguir.** Consiste en distinguir las partes fundamentales del cuento, de la misma forma tiene su estructura y es la columna vertebral que lo sostiene. Sin ella el cuento o la historia o la leyenda se cae, se viene abajo. Descúbrelos.

En el cuento de 'Caperucita Roja', las partes fundamentales son: 1) cuando la niña decide ir a ver a su abuelita, enferma, para llevarle una canasta de manzanas; 2) cuando se topa con el temible animal que le envía por el camino más largo; 3) cuando el lobo se disfraza de abuelita y recibe en la casa de ésta a la ingenua Caperucita haciéndose pasar por la indefensa viejecita.
Ya está. A partir de ahí todo lo demás es "coser y cantar", como dicen en España, fácil.

21.- **No siempre el repertorio de historias que hemos programado para una función se respeta**; es válido alterar el orden e, incluso, descartar algunos y suplirlos con otros. Así es esto de contar, todo un arte del malabarismo para quitar y poner.

22.- Un cuento contado de un libro exige mayor expresión, exclamaciones, entonaciones, sonidos, gestos, ademanes, pausas y silencios, que no necesariamente están señalados en el texto.

23.- La historia aburrida. Ya hemos dicho que en Francia los guías de turistas narran la historia de castillo y monumentos como si el suceso se estuviera dando en ese preciso momento, en vivo y a todo color, casi casi como si fuera un cuento. **Lo mismo tendrían que hacer los profesores.** ¿Qué pasaría si las famosas carabelas de Colón en lugar de llamarlas "La Niña", "La Pinta" y "La Santa María", se les conociera como "La Chole", La Changa y la Chimoltrufia"?. Atiborramos a los estudiantes de fechas, nombres y lugares, pero subestimamos los acontecimientos que, en esos días, con esos hombres y en esos espacios se dieron.

24.- La duración de una narración no debe exceder los diez minutos. Si es más extensa, sobre todo cuando estás empezando y el público lo conforman pequeñitos, se te puede caer. Un cuento corto siempre invita a contra otro más. Cronométralo durante tus prácticas y adáptalo a ese máximo indicado.

25.- El vocabulario. Cuida el lenguaje que sea apropiado, cuida el lenguaje, que sea el apropiado y evita el *slang*, las palabras fuera de contexto, inapropiadas.

30.- Los sinónimos. Emplea después de una palabra difícil una fácil, también haz uso de sinónimos, que en el español abundan. Se trata de ampliarles su vocabulario haciéndoles entender que ambas palabras; la conocida y la por conocer, significan lo mismo. Lo asimilarán.

31.- La dispersión.
Ante un público disperso, se aconseja en plena narración plantear preguntas que uno mismo se contesta, pero dirigiendo la mirada a los que no están atentos. Esta técnica, que no falla, hace reaccionar a los "despistados", que se vuelven a concentrar en lo que estaban escuchando.

32.- Las preguntas.
Si lanzas una pregunta, puede que te quieran contestar muchos. Si lo que buscas es interactuar con ellos, está bien.

33.- El público.
Ante un público hostil -unos cuantos- evade mirarlo. Hay la tendencia, comprensible, por cierto, a "clavar" la mirada en quienes nos están viendo "feo". Evítalo, porque afectará tu estado de ánimo, y dirige tu mirada a quienes, por el contrario, sean afables contigo.

34.- Los preámbulos.

Evita preámbulos para justificar el cuento que vas a narrar o para excusarte porque estás afónico o se murió tu gato. Entra de lleno a la historia con un inicio que atraiga la atención del público, hay que echárselo al bolsillo lo más pronto posible.

35.- Los errores.

Cometerás errores, pifias, pero no te preocupes. Cuando eso ocurra, aprovecha el gazapo y en lugar de corregir la pifia de forma evidente, utilízala como si fuera parte del cuento: "Cuando se tropezó Juanita con la piedra…Que no era piedra sino escalón…" y saldrás airoso del tropezón. La ventaja es que estás improvisando…¡pues improvisa para corregir sin que se note tu error!

36.- Los títulos.

Permítele al público conocer a los autores de los cuentos para que los distingan. ¡no los dejes huérfanos! Corrijamos ese despiste.

37.- Las interrupciones.

Jamás interrumpas una narración para llamar la atención del público, sobre todo de niños que no te están prestando atención. Gánatelos de mil maneras, pero nunca te detengas en la narración; te verás muy mal. De ti depende que el público esté contigo y te haga caso.

38.- Las distracciones.

No permitas que en plena función se les reparta a los niños golosinas o cosas por el estilo. Tu trabajo merece respeto y concentración. Adviértelo de antemano para que no llegue a suceder.

39.- La entonación. Para practicar la entonación entona en "ruso" varios números. Que esos números se traduzcan en una comunicación de un deseo, en una queja, en un agradecimiento, en una súplica, en una satisfacción, en una declaración de amor.

40.- Los reflectores.

En un escenario formal no permitas que te enfoquen a ti los reflectores de frente, como hacen los actores en las puestas en escena. Necesitas ver al público, y con las luces cegándote se convierte en un suplicio. Los reflectores deben iluminar el escenario desde lo alto.

Para finalizar este apéndice, aquí un video de un cuento narrado por 'Tío Patota': https://www.youtube.com/watch?v=kKfEF_gLypY

BIBLIOGRAFÍA Y REFERENCIAS

Bandler, Richard y Grinder, John (1993). "Trancefórmate. Curso práctico de hipnosis y comunicación eficaz".

Brassel Morales, Carlos (1990). "El Maestro de la Palabra Técnicas para hablar en público como fueron reveladas desde el Siglo I". Edamex

Campbell, Joseph (1959). "El Héroe de las mil caras. Psicoanálisis del mito". México: FCE

Carrión, Salvador A. (2009). "El poder de las Metáforas". España: PNLbooks ediciones

Pérez, Federico (1994). "El Vuelo del Ave Fénix". México: Pax

Dell, Donald (1990). "La Universidad de la vida". México: Selector

Duarte, Nancy (2012). "Resonancia. Cómo presentar historias visuales que transformen a tu audiencia". España: Gestión 2000

Martínez Bernal, Juan Carlos (2020b). "Sin Cuenta Experiencias Terapéuticas". Segunda edición. Publicación independiente. Recuperado de Amazon

Martínez Bernal, Juan Carlos (2020d). "Más de 100 Anécdotas de Bernal27. Cotidianas y Terapéuticas". Segunda edición. Publicación independiente. Recuperado de Amazon

Martínez Bernal, Juan Carlos (2020c). "1000 Tuits de Bernal27. Ordenados por Temas". Segunda edición. Publicación independiente. Recuperado de Amazon

Núñez, Antonio (2011). "Storytelling en una semana". España: Gestión 2000

Pearson, Carol S. (1992). "Despertando los héroes interiores". España: Mirach

Pearson, Carol S. (1995). "El Héroe Interior". España: Mirach

Revista Edutrends. Febrero 2017. "Storytelling". México: Tecnológico de Monterrey

Salas, Carlos (2017). "Storytelling la escritura mágica". España: Mirada mágica

Watzlawick, Paul; Beavi, Janet; y Jackson, Don D. (1981). "Teoría de la Comunicación Humana". España: Herder

*The Triune Brain:
https://lecerveau.mcgill.ca/flash/capsules/articles_pdf/triunebrain.pdf

*Video de Héctor Suárez con un personaje machista:
https://www.youtube.com/watch?v=v0t1drjP9J4

*Narraciones digitales como herramienta creativa:
http://eduteka.icesi.edu.co/articulos/edutrends-storytelling

*Anécdota de Vicente Leñero en revista 'Proceso':
https://www.proceso.com.mx/545815/bartlett-zorrilla-la-intimidacion-a-proceso-y-la-parabola-del-vaso
*Hipnosis conversacional con Nacho Muñoz:
https://www.esquire.com/es/trabajo/a14446662/hipnosis-conversacional-como-jugar-con-el-cerebro-de-los-demas/

*Cómo usar los memes:
https://carlosguerraterol.com/memes-redes-sociales/

*Apéndice 1:
Gordoa, Víctor (2007). "El Poder de la Imagen Pública". México: Debolsillo

*Apéndice 2:
Duarte, Nancy (2012). "Resonancia. Cómo presentar historias visuales que transformen a tu audiencia". España: Gestión2000
Núñez, Antonio (2011). "Storytelling en una semana". España: Gestión 2000

*Apéndice 3:
Robles, Eduardo (2007). "El Arte de Contar Cuentos. Metodología de la Narración Oral". México: Debolsillo

ACERCA DEL AUTOR

Juan Carlos Martínez Bernal (Colima, México, 13-03-1973). Psicólogo (Licenciatura de 5 años en Universidad de Colima), Terapeuta Gestalt (Maestría en Instituto de Terapia Guestalt Región Occidente INTEGRO Colima 2, 2005-2008, con estudios inconclusos), Diplomado en Constelaciones Familiares (Universidad de Colima-Centro de Soluciones Sistémicas Vinculum Cor S.C. 2007-2008). Además de asistir a conferencias y cursos, junto con el estudio de videos y libros en el aprendizaje autodidacta de elementos de diversas técnicas y enfoques, como Gestalt, EMDR, EFT, Terapias de Energía, PNL, Violencia de Género, Farmacodependencia, y otros más.

La experiencia laboral ha sido desarrollada principalmente en el Centro de Investigación y Seguridad Nacional (CISEN, Secretaría de Gobernación de México); y en el Centro de Reinserción Social (CERESO) de Manzanillo, Colima, México. También, como practicante/voluntario en Centros de Integración Juvenil (CIJ) contra la farmacodependencia; Orientación Vocacional en Universidad de Colima; Docencia en una universidad privada y en 3 Colegios privados.

Activo participante en algunas redes sociales: Twitter (_BERNAL27). Facebook (Juan Carlos Martínez Bernal). YouTube (BERNAL27). Hotmail (BERNAL27000).

Escritor de multitud de artículos divulgativos sobre temas psicológicos y terapéuticos, en webs como www.Mundogestalt.com (2003-2009), y más de 120 posts en Blogger, de 2010 a la fecha (https://Bernal27.blogspot.com).

Contacto con el Autor:

Bernal27000@hotmail.com

Página de Facebook: JC Martínez Bernal

*Autor de otros 15 libros independientes publicados, sobre Experiencias y Casos Terapéuticos, Poemas, Tuits, Lecturas terapéuticas, así como Anécdotas personales y psicológicas. Fuente para más información:

https://bernal27.blogspot.com/search?q=mis+obras